Peter Dyckhoff

Die Stunde Jesu

Peter Dyckhoff

Die Stunde Jesu

media
maria

Bibliografische Information: Deutsche Nationalbibliothek.
Die Deutsche Nationalbibliothek verzeichnet diese Publikation in der Deutschen Nationalbibliografie; detaillierte bibliografische Daten sind im Internet über http://dnb.ddb.de abrufbar.

Titelbild: Hochzeit zu Kana. Codex Egberti, Hs 24 folio 20v, Trier
Rückseite: Kreuzigung. Codex Egberti, Hs 24 folio 83v, Trier

DIE STUNDE JESU
Peter Dyckhoff
Media Maria Verlag, 1. Auflage 2018

ISBN 978-3-9454018-3-5

www.media-maria.de

Inhalt

Ein Wort zuvor zur »Stunde Jesu«

Es ist wichtig, unser relativ kurzes Leben auf der Grundlage und der Erfahrung des Bleibenden zu überdenken, eventuell neu einzurichten und auch zu genießen. Möchten wir einen tieferen Glaubensweg gehen, geht dies nur von einer fest gegründeten und tragfähigen Lebensgrundlage aus. Nur auf dieser Basis können wir das Ziel unseres Lebens – unendlicher Friede unserer Seele in Gott – nicht nur verstehen, sondern uns diesem Ziel auch wesentlich nähern. »Wesentlich« bedeutet, unser eigenes Wesen mit all seinen Stärken und Schwächen zu erkennen und gleichzeitig sich dem Wesen Gottes, seiner unendlichen Liebe, zu öffnen und zu Empfangenden zu werden.

Um Christus zu folgen, sind ein Erspüren und ein Einfühlen notwendig. Daher möchten die Texte mehr das Gefühl als den Intellekt ansprechen. Sie möchten im Wesentlichen dazu beitragen, das Herz weit zu machen, uns auf Gott auszurichten und unseren Glauben zu vertiefen. Der Weg führt über die letzten Lebenstage Jesu, durch seinen Tod und sodann in die Auferstehung, in die wir durch Jesus Christus mit hineingenommen sind. Durch ihn lernen wir das Gebet der Hingabe, das uns mehr und mehr den Willen Gottes erkennen lässt. Es geht, um Christus zu folgen, um das Loslassen des Ichs, um ein Geschehenlassen und um ein neues Wahrnehmen.

Die Betrachtungen möchten unser Innerstes ansprechen, uns Einblick in die Geheimnisse des Glaubens gewähren und uns zu einem eigenen inneren Gebet führen. Die vorgegebenen

Inhalte weisen die Richtung. Da wir vergessliche Menschen sind, bedürfen wir der Erinnerung. Daher ist es gut, die Glaubensgeheimnisse neu in sich aufzunehmen und darauf zu vertrauen, dass uns neue und tiefere Erkenntnisse geschenkt werden. Diese Art und Weise des Vorgehens hat sich über Hunderte von Jahren besonders bei denen bewährt, die mit ihrem Glaubens- und Gebetsleben unzufrieden waren und nach tiefgreifenden geistlichen Wegen suchten.

Dieses Buch ist aus der Gotteserfahrung für die Gotteserfahrung geschrieben. Es möchte als kleiner geistlicher Begleiter die Grundlagen für ein vertieftes Glaubensleben festigen, das nur aus der persönlichen Erfahrung heraus Bestand hat und Nährboden für das ewige Leben ist.

Die Betrachtungen haben die letzten Tage Jesu, das Leiden und die Auferstehung Jesu Christi zum Inhalt. Es ist gut, jede einzelne Betrachtung unter den folgenden sieben Gesichtspunkten zu sehen und möglichst auch zu erspüren:

1. Gott, der unendlich gute und barmherzige Vater, sandte seinen Sohn in die Welt, um uns aufzurichten und zu erlösen. Dieses liebende Entgegenkommen Gottes in menschlicher Gestalt gibt es in keiner Weltreligion – außer im Christentum.
2. Bittere körperliche und seelische Schmerzen hielten Christus nicht davon ab, bis in die Passion und in den Tod am Kreuz zu gehen, um uns im Leid und im Tod nahe zu sein. Liebevoll bietet er uns in dieser schwersten Phase des Lebens, das zum ewigen Leben übergehen möchte, seine göttliche Erlösung an.
3. Unsere Verfehlungen und Sünden stehen im Gegensatz zur Liebe des Erlösers. Sie verursachen Störungen in der gesamten Schöpfung. Daher müssen sie dringend erkannt und unterlassen werden.

4. Obgleich wir oftmals das Liebesangebot des Schöpfers durch unser ichbezogenes Verhalten ausschlagen, wendet er sich uns in seiner übergroßen Barmherzigkeit immer wieder neu zu. Haben wir da nicht Grund, es anzunehmen und unendlich dankbar zu sein?
5. Die Liebe Gottes zu seiner Schöpfung ist grenzenlos. *Die Sehnsucht Gottes ist der Mensch* (Augustinus). Der Herr möchte seine Liebe an alle verschenken. Ist unser Herz offen, um zu Empfangenden zu werden, und wie groß ist unsere Gegenliebe?
6. Die Liebe Gottes zu uns ist ein Mysterium. Er möchte, dass wir uns suchend und staunend auf den Weg zu diesem Geheimnis machen, das er uns nach und nach offenbart.
7. Der Weg führt über Jesus Christus, der selbst der Weg, die Wahrheit und das Leben ist. Sein Leben und seine Lehre sind für uns richtungweisend. Die tiefe Betrachtung ist bereits der Beginn des Weges, Christus nachzufolgen.

Beim Wahrnehmen der Stationen, die Jesus gegangen ist, sollten wir von einem bloßen Nachdenken und Sichvergegenwärtigen zu einem Erspüren und Einfühlen übergehen. Es geht hier weniger um unsere Leistung als um ein Geschehenlassen und Wahrnehmen. Vielleicht spüren wir beim Loslassen unserer eigenen Lebensentwürfe und unseres Willens etwas von der grenzenlosen Liebe, die uns durch Christus berühren und wandeln möchte. Diese seine unendliche Liebe zu uns Menschen endet nicht im Angesicht seines Todes am Kreuz, sondern währt so lange, bis das gesamte Erlösungswerk vollbracht ist.

Wie eng, kleinmütig und begrenzt erscheint dagegen unsere Liebesfähigkeit, die oft erlischt oder in ihr Gegenteil umschlägt, wenn wir Schmerzen zu ertragen haben oder durch andere verletzt werden. Durch dein Fehlverhalten und deine Sünden wird der Einklang in dir zwischen Körper, Geist und

Seele gestört – ebenso deine zwischenmenschlichen Beziehungen und vor allem deine Verbundenheit mit dem Schöpfer selbst. Wenn dir diese Störungen bewusst werden, kannst du sowohl anders mit ihnen umgehen als auch etwas gegen sie tun. Nur auf diese Weise gelangst du in tiefere Dimensionen deines Seins, in denen du das unendlich liebende Entgegenkommen Gottes in seinem Sohn Jesus Christus wirkmächtiger erfahren kannst. Aus einer solchen Tiefe, die oft durch Leid entstanden ist, kannst du aufrichtiger um Vergebung deiner Sünden bitten.

Geht nicht vom Leben Jesu, von seinem Leiden, seinem Tod am Kreuz und von seiner Auferstehung eine unendlich große Liebe aus, die er der ganzen Welt und allen Geschöpfen offenbart? Gott, unser Schöpfer und Vater, hat aus den unendlichen Möglichkeiten eine uns angemessene ausgewählt, um uns zu erlösen: Er ist in Jesus Christus Mensch geworden, in allem uns gleich, außer in der Sünde. Dieses Entgegenkommen Gottes geschieht aus Liebe zu seiner Schöpfung. Er möchte heilen, was verwundet ist, das geknickte Rohr wieder aufrichten, uns den geradlinigen Weg weisen und unsere Schuld vergeben, wenn wir inständig darum bitten. Er möchte uns seine Gnade schenken und uns befähigen, auch die unabwendbar dunklen Abschnitte unseres Lebens zu bestehen. Er möchte uns durch sein Leben und Leiden in dieser Welt auf die Unvollkommenheit und die Erlösungsbedürftigkeit eines jeden Menschen hinweisen. Gleichzeitig bietet er uns Wege zur Erlösung und zur Vollkommenheit an, damit wir weder Rückschritte machen noch in unserer Entwicklung stehen bleiben, sondern uns auf ihn und das ewige Leben zubewegen.

Wenn du das Leben Jesu betrachtest, vergegenwärtige dir seine Haltung und seine Eigenschaften, die unvorstellbar über die Verhaltensweisen hinausragen, die dem vorbildlichsten Menschen zugesprochen werden: gütig, geduldig, sanftmütig, direkt, gerecht, treu, barmherzig, mutig, wahrhaftig, vergebend, demütig, bescheiden, hingebend, dem Willen des Vaters entsprechend – besonders den Armen und den am Rande Stehenden zugewandt. Selbst wenn wir nicht in der Lage sind, ihm in alldem nachzufolgen oder ihm gleich zu werden, so hat doch bereits die Betrachtung des Lebens Jesu eine außerordentlich heilsame Wirkung auf uns. *Nicht mehr ich lebe, sondern Christus lebt in mir. Soweit ich aber jetzt noch in dieser Welt lebe, lebe ich im Glauben an den Sohn Gottes, der mich geliebt und sich für mich hingegeben hat* (Galaterbrief 2,20).

Erinnere dich an schwere Zeiten, die du in deinem Leben durchmachen musstest: körperliche und seelische Belastungen, Krankheiten, Einsamkeit, Schicksalsschläge, Misserfolge im Beruf, bittere Folgen einer Fehlentscheidung, Verleumdungen und Lügen, die über dich verbreitet wurden, existenzbedrohende psychische Krisen …

Frage dich: Hat dich in diesen Zeiten dein Glaube getragen, hat er dir geholfen, mit dir selbst und der Situation fertigzuwerden? Konntest du dich einfühlen in das Leben und Leiden Jesu Christi? Ist er dir zum Freund und Begleiter geworden? Hast du gespürt, dass er dir gerade in Krisen und Bedrängnissen nahe war?

Scheue dich nicht, diese Fragen mit Nein zu beantworten, wenn es der Wahrheit entspricht. Fühle dich deswegen nicht ungeliebt oder verstoßen. Versperre dir ebenfalls nicht den Zugang zum Glauben durch Ablehnung, neutrales oder passives Verhalten.

Nimm dir Zeit für Betrachtung und Gebet und schenke diese Zeit dem Schöpfer mit der Bitte, er möge dein Inneres bewegen. Halte auch dann mit dem Gebet der Hingabe durch, wenn du vorerst keine innere Bewegung wahrnimmst oder keine Liebe zum Schöpfer spürst. Unglaubliches wird glaubhaft und Unmögliches möglich. Selbst wenn du vieles nicht einsehen und glauben kannst, wenn du vieles noch nicht erfahren kannst, so wird doch Wunderbares mit dir geschehen – vorausgesetzt, du hast Geduld und öffnest dich. Du darfst sicher sein: Die Liebe Gottes hat dich längst ergriffen, bevor du sie im Geringsten wahrnimmst.

Betrachte nicht nur das äußere Leben und Leiden Jesu, sondern vor allem – soweit es uns durch die Heilige Schrift zugänglich ist – das, was ihn innerlich berührt, bewegt und zeitweilig auch ängstigt. Das eigentliche Leben Jesu vollzieht sich im Verborgenen, in seiner Seele. Die Intensität seiner Liebe und die seelischen Qualen, die er auf sich nimmt, können mit Worten nicht ausgedrückt werden.

Diese Hinführung zu den Betrachtungen der Hochzeit zu Kana und der letzten Tage Jesu, seines Todes und seiner Auferstehung möchte ein besseres Verständnis für die »Stunde Jesu« ermöglichen und uns ermutigen durchzuhalten – selbst dann, wenn Zweifel aufkommen oder Glaubenserfahrungen noch ausbleiben.

Erster Teil

Die Stunde Jesu bei der Hochzeit in Kana

I. Kapitel

Meine Stunde ist noch nicht gekommen

Jesus besucht mit seinen ersten fünf Jüngern – ohne eingeladen worden zu sein – die Hochzeit in Kana. Vom Jordan aus ist Jesus mit seinen Jüngern unterwegs nach Galiläa, wahrscheinlich in seine Heimat nach Nazaret oder nach Karfarnaum – eine Reise, die drei Tage dauert. Auf ihrem Weg kommen sie nach Kana, wo gerade eine Hochzeit stattfindet, bei der die Mutter Jesu zugegen ist. Offenbar sind es Verwandte Marias, die diese Hochzeit feiern. Da Jesus und seine Gefährten nicht gleich zu Beginn anwesend waren, darf man annehmen, dass man sie nicht erwartete. Doch sie alle, Jesus und seine fünf Jünger, werden sofort aufgenommen. So sind es plötzlich sechs Männer mehr, die an der Hochzeitsfeier teilnehmen.

Das Brautpaar muss arm sein, denn sonst wäre ihnen nicht der Weinvorrat ausgegangen, jetzt, als sechs Gäste hinzugekommen sind. Bemerkenswert und hoch anzuerkennen ist es, dass es für die Gastgeber, einfache Leute, selbstverständlich ist, den Sohn Marias und die Freunde, die er mitbringt und die sie gar nicht kennen, herzlich aufzunehmen. Jesus und seine fünf Jünger nehmen ohne Weiteres die Einladung an. Sie kommen zudem mit leeren Händen, ohne ein Gastgeschenk, wie es bei einer Hochzeit üblich ist, die mehrere Tage dauert.

Hätte man aus Angst, der Vorrat würde nicht reichen, zu Jesus gesagt, er dürfe an der Hochzeit teilnehmen, aber seine Freunde nicht, so wäre er zweifellos nicht geblieben. Wenn man auch nur einen einzigen seiner Freunde abgelehnt hätte, wäre er nicht geblieben. Dass alle, die Jesus mitbringt, an den Hochzeitstisch gebeten werden, ist für die Einladenden ganz selbstverständlich. Gerade das ist die Art einfacher und armer Leute: Sie haben keine Sorge, dieses oder jenes könnte nicht reichen und die Feier würde dadurch gestört. Sie vertrauen einfach und machen sich keine großen Gedanken, sondern bitten alle zu Tisch – dann wird man sehen, wie es weitergeht.

Stellen wir uns einmal vor: Jesus kommt heute zu uns zu einem Mahl. Jesus hat viele Freunde, und er möchte, dass es auch unsere Freunde sind. Er bringt immer Freunde mit, die er in unserem Herzen angesiedelt wissen will – vielleicht oder gerade auch solche, die wir – menschlich gesehen – wenig wertschätzen. Wenn wir auch nur einen Einzigen von ihnen ausschließen und ihn nicht in unser Herz und unser Wesen einlassen, geschieht auch die Einkehr Jesu bei uns nicht. »Ich kann dein Innerstes nicht erreichen, ich kann nicht wirklich zu dir kommen, wenn du einen von denen ausschließt, für den ich mein Leben hingegeben habe und den ich liebe.«

Beim Evangelisten Johannes steht Maria am Beginn des öffentlichen Wirkens Jesu. Johannes kennt keine Kindheitsgeschichte Jesu; er beginnt gleich mit der Taufe Jesu im Jordan, es folgen die Berufung der ersten Jünger und anschließend der Besuch Jesu bei der Hochzeit in Kana. Hier, bei seinem ersten öffentlichen Auftreten, wirkt Jesus sein erstes Zeichen zur Offenbarung der Herrlichkeit des Vaters. Maria ist zugegen; es kommt ihr eine wichtige Rolle zu. Sie ist eine Art Schlüsselfigur. Beim Evangelisten Lukas steht Maria am Anfang der Menschwerdung Gottes und wiederum am Anfang

des Werdens der Kirche: An Pfingsten, an dem Tag, an dem sich allen der Heilige Geist schenkt, ist Maria zugegen, und sie wird als Einzige mit ihrem Namen genannt.

Dass Jesus die Hochzeit in Kana zusammen mit seinen fünf Jüngern besucht, dass er sich und seine Freunde spontan einladen lässt, ohne ein Gastgeschenk mitzubringen – all das muss für Maria etwas ganz Ungewöhnliches sein. So wird sie jedoch auf ein besonderes Vorhaben Jesu aufmerksam. Sie weiß eines: Nachdem er sie in Nazaret verlassen und sein öffentliches Leben begonnen hat, wird er nun als der Messias wirken und vom Reich Gottes künden. Sie wird sicherlich wissen, dass jetzt sein messianisches Wirken begonnen hat. Das Kommen Jesu ruft von vornherein eine Erwartung in ihr wach, die mit seiner Sendung zusammenhängt, denn das äußere Vorgehen Jesu widerspricht jeder Konvention. Maria denkt keinesfalls, dass Jesus hier eine Einladung für sich und seine Freunde annimmt, um etwa an den Freuden einer Hochzeit teilzunehmen. Maria ist, wie sonst niemand, eingeweiht in die Sendung und das Wesen ihres Sohnes. Die Verheißung der Geburt Jesu im Lukasevangelium kündet davon.

Der Evangelist Johannes setzt die Kenntnis des Lukasevangeliums voraus. Es gibt zwischen beiden Evangelien eine ganze Reihe von Querverbindungen, die für das Verständnis der Texte wichtig sind. In den dreißig verborgenen Jahren hat Maria von ihrem göttlichen Sohn gelernt, wie auch er von seiner Mutter gelernt hat, Mensch zu werden. Sie kennt ihn als den, der nicht in die Welt gekommen ist, um Freuden bedingungslos für sich und seine Freunde zu erleben, sondern um den Menschen die messianische Botschaft und die damit verbundene Freude zu bringen. Maria weiß, dass ihr Sohn mit dem Antritt seiner Sendung nicht mehr der Sohn des Zimmermanns ist, sondern der Offenbarer seines himmlischen Vaters. Dies muss man bedenken, um jetzt Marias Reaktion im Gespräch mit Jesus zu verstehen. Sie ist es, die Jesus darauf aufmerksam macht, dass der Wein ausgegangen ist, denn sie weiß sich mitverantwortlich dafür, dass man ihren Sohn und seine Freunde um ihretwillen eingeladen hat. Nun nehmen immerhin sechs Personen mehr am Hochzeitsfest teil.

Jesus und seine Jünger müssen mithalten, wenn Trinksprüche auf die Eltern, Schwiegereltern, auf Freunde und Verwandte ausgerufen werden. Das Leeren des Bechers gehört mit zu diesem Zeremoniell. Es ist von daher nur allzu gut verständlich, dass durch das Hinzukommen von sechs Personen vorzeitig der Wein ausgeht. Und das bringt Maria jetzt Jesus gegenüber zur Sprache.

> *Als der Wein ausging, sagte die Mutter Jesu zu ihm: Sie haben keinen Wein mehr. Jesus erwiderte ihr: Was willst du von mir, Frau? Meine Stunde ist noch nicht gekommen* (Johannes 2,3–4).

Martin Luther übersetzt die Antwort Jesu drastischer und so, wie sie dem Originaltext weitaus mehr entspricht: *Jesus spricht zu ihr: Weib, was habe ich mit dir zu schaffen? Meine Stunde ist noch nicht gekommen.*

Diese merkwürdige Antwort Jesu – er redet Maria nicht als seine Mutter an – schafft unweigerlich Distanz zwischen seiner Mutter und ihm. Aller Wahrscheinlichkeit nach hören wir zuerst eine Abweisung aus der Erwiderung Jesu heraus. Maria jedoch versteht dieses Wort durchaus nicht als abweisend. Sie hat sich nicht an Jesus als ihren leiblichen Sohn gewandt, weil sie weiß, dass sie als Mutter keine Rechte über ihn hat. Sie will ihn auch nicht auffordern, jetzt etwas zu tun, was der Verlegenheit abhelfen könnte. In Wirklichkeit – und das erfährt Maria jetzt – erhebt sich in der »abweisenden« Antwort Jesu seine Hoheit und seine Herrlichkeit. An ihn, den Messias, wendet sich Maria im Glauben, denn sie weiß, dass er seine Sendung als der Offenbarer des Vaters angetreten hat. Sie wendet sich nicht an ihren Sohn, den sie geboren hat, sondern an den, der er ist: an den Sohn des ewigen Vaters, der aus ihr Mensch wurde.

In dem Augenblick, als Jesus seine Mutter als sein Fleisch und sein Blut abweist, spürt Maria, dass jetzt ihr Glaube gefragt ist. Dieser Glaube bedeutet für sie, dass Jesus sich jetzt von Fleisch und Blut distanziert, sie ihn aber als den Christus, den Offenbarer des Vaters, erreicht hat. Maria weiß aus ihrem tiefen Glauben, dass die Stunde, von der Jesus sagt, sie sei noch nicht gekommen, anbrechen wird. Ihr Glaube ist zugleich mit einem vollkommenen Vertrauen verbunden.

Was ist das für eine Stunde, von der Jesus sagt, dass sie noch nicht gekommen ist? Wer das Johannesevangelium kennt, weiß, dass die Stunde Jesu während des Abendmahls anbricht und sich während der Kreuzigung vollendet. Der neue und ewige Bund, den Jesus in der sich im Tod verströmenden Liebe mit den Seinen schließt, und die Geistsendung sind eins. In der Weingabe bei der Hochzeit in Kana, in der zunächst die Stunde Jesu noch nicht gekommen ist, ist die Geistgabe bereits angedeutet, die uns Jesus vom Kreuz her schenkt, als seine Stunde gekommen ist. Sowohl in der noch nicht gekommenen Stunde Jesu bei der Hochzeit zu Kana als auch in der gekommenen Stunde Jesu am Kreuz ist Maria, seine Mutter, anwesend.

Maria, die in das Wesen und die Sendung ihres Sohnes eingeweiht ist, spürt in der noch nicht gekommenen Stunde Jesu bei der Hochzeit in Kana, als der Wein ausgegangen ist, dass diese Leere die Voraussetzung dafür ist, dass Jesus eine größere Fülle offenbaren kann. Auf den Glauben Marias hin dringt langsam die Stunde Jesu durch, denn der Glaube ist die Voraussetzung dafür, dass Jesus das Zeichen, die Offenbarung der göttlichen Herrlichkeit, wirkt. Maria schafft durch ihren Glauben einen Raum, aus dem göttliches Handeln

geboren wird. Ihr Glaube ist wie ein Kelch, der das lebendige Wasser zum Strömen bringt.

Marias tiefer Glaube wird aus dem zuversichtlichen Wort spürbar, das sie zu den Dienern sagt: *Was er euch sagt, das tut!* (Johannes 2,5). Wenn Jesus kommt – und dessen ist sie sich sicher –, wird seine Gegenwart niemals zur Verlegenheit führen, sondern sie hat etwas zu tun mit der Sendung Jesu, die auf messianische Freude hin angelegt ist.

> *Es standen dort sechs steinerne Wasserkrüge, wie es der Reinigungsvorschrift der Juden entsprach; jeder fasste ungefähr hundert Liter. Jesus sagte zu den Dienern: Füllt die Krüge mit Wasser! Und sie füllten sie bis zum Rand* (Johannes 2,6–7).

Entsprechend der Zahl der unerwarteten sechs Gäste, die mit leeren Händen zur Hochzeit kommen, stehen dort sechs leere steinerne Wasserkrüge. Die Diener, durch Maria ermutigt, füllen sie jetzt auf das Geheiß Jesu bis zum Rand. Maria muss auf dieser Hochzeit ein besonderes Ansehen haben, weil die Diener auf ihr Wort hin: *Was er euch sagt, das tut,* die Krüge tatsächlich bis zum Rand füllen – vielleicht in einer unbestimmten Erwartung, dass etwas Wunderbares geschehen werde.

Die Verwirklichung der Bitte Jesu, die Krüge mit Wasser zu füllen, muss man sich folgendermaßen vorstellen: Wasserhähne im Haus gibt es nicht, dafür aber einen Dorfbrunnen in Kana, der vielleicht fünfzehn Minuten vom Haus der Hochzeitsleute entfernt ist. Wasserkrüge dieses Umfangs werden auf einen Eselskarren geladen, zum Dorfbrunnen gebracht, mit Wasser gefüllt und zurückgefahren. Hinzu kommt, dass nicht alle Gefäße auf einmal auf eine Fuhre passen. Umso erstaunlicher ist es, mit welcher Bereitschaft die Diener dem Ansinnen, die Krüge mit Wasser zu füllen, nachkommen. Immer wieder wird deutlich, wie unmittelbar die Diener reagieren. Es ist offenbar der Geist Marias, der auf sie übergegangen ist und sie ansteckt. Als die mit Wasser gefüllten Krüge im Haus stehen, sagt Jesus zu den Dienern:

> *Schöpft jetzt und bringt es dem, der für das Festmahl verantwortlich ist. Sie brachten es ihm. Er kostete das Wasser, das zu Wein geworden war. Er wusste nicht, woher der Wein kam; die Diener aber, die das Wasser geschöpft hatten, wussten es. Da ließ er den Bräutigam rufen und sagte zu ihm: Jeder setzt zuerst den guten Wein vor und erst, wenn die Gäste zu viel getrunken haben, den weniger guten. Du jedoch hast den guten Wein bis jetzt zurückgehalten* (Johannes 2,8–10).

Der Speisemeister ist verantwortlich für die Reihenfolge der Gedecke und auch für den Wein. Er fühlt sich in seiner Ehre gekränkt, da jetzt auf einmal ein Wein aufgetischt werden soll, der weitaus köstlicher ist als der, der zuerst gereicht wurde. Mit seinen Worten wäscht er sich rein von der Verantwortung, die er auf dieser Hochzeit für die Speisen und Getränke übernommen hat. Umso mehr wiegt sein Zeugnis!

So tat Jesus sein erstes Zeichen, in Kana in Galiläa, und offenbarte seine Herrlichkeit und seine Jünger glaubten an ihn (Johannes 2,11). Das Evangelium beginnt: *Am dritten Tag fand in Kana in Galiläa eine Hochzeit statt und die Mutter Jesu war dabei* (Johannes 2,1). Dieser dritte Tag weist symbolisch auf den Morgen der Auferstehung Jesu hin. Die gekommene Stunde ist auf seine Verherrlichung bezogen. Das erste Zeichen Jesu im Johannesevangelium, die Wandlung des Wassers in Wein, ist als eine Vorwegnahme des Aufstrahlens seiner Herrlichkeit zu verstehen, die er uns in seiner Stunde der Hingabe in vollendeter Weise schenkt.

Aufgrund des Glaubens seiner Mutter geschieht das Zeichen bei der Hochzeit in Kana. Wäre sie als Glaubende nicht präsent gewesen, so hätte Jesus das Zeichen nicht wirken können. In den Glauben eines Menschen hinein schenkt sich der Geist, der dann wirksam wird. Zur Wandlung durch den Heiligen Geist muss zusätzlich zum Glauben eine Bereitung stattfinden, wie sie auf das Geheiß der Mutter Jesu und durch Jesus selbst durch die Diener und ihr Bereitstellen der frischen Wasserkrüge geschieht.

Es ist wichtig, die Symbolbedeutung der Geschichte von der Hochzeit in Kana ein wenig zu bedenken. Es ist der Glaube Mariens, der Jesu Heilswirken zum Strömen bringt. Maria hat eine Initialbedeutung für das gesamte Geschehen der Offenbarung Christi, die mit ihrem Ja bei der Verkündigung begann. Ihr Ja war vonseiten der Menschheit mitentscheidend, damit Gott Mensch werden konnte – ein Ja, das jeder immer wieder in Freiheit mitvollziehen und verwirklichen muss. So wie dieses Ja in der Verkündigungsgeschichte die Voraussetzung war, dass Jesus durch den Heiligen Geist Mensch zu werden begann, so hat der Glaube Marias auf der Hochzeit in Kana eine auslösende Wirkung für die Zeichen, die Jesus anschließend wirken wird und die alle ausgerichtet sind auf das letzte Zeichen, das aus seiner Hingabe für uns in den Tod besteht und durch seine Auferstehung von den Toten gekrönt ist.

II. Kapitel

Vater, die Stunde ist da

Ist mit der »Stunde«, von der Jesus bei der Hochzeit in Kana zunächst sagt, dass sie noch nicht gekommen ist, die Herrlichkeitsoffenbarung während des Weinwunders oder aber die Stunde seines Todes und die mit ihr eingeleitete Verherrlichung Jesu gemeint?

- *Und er ging ein Stück weiter, warf sich auf die Erde nieder und betete, dass die Stunde, wenn möglich, an ihm vorübergehe* (Markus 14,35).
- *Als die Stunde gekommen war, begab er sich mit den Aposteln zu Tisch. Und er sagte zu ihnen: Ich habe mich sehr danach gesehnt, vor meinem Leiden dieses Paschamahl mit euch zu essen. Denn ich sage euch: Ich werde es nicht mehr essen, bis das Mahl seine Erfüllung findet im Reich Gottes* (Lukas 22,14–16).
- *Jetzt ist meine Seele erschüttert. Was soll ich sagen: Vater, rette mich aus dieser Stunde? Aber deshalb bin ich in diese Stunde gekommen. Vater, verherrliche deinen Namen!* (Johannes 12,27–28a).
- *Jesus wusste, dass seine Stunde gekommen war, um aus dieser Welt zum Vater hinüberzugehen* (Johannes 13,1a).
- *Die Stunde kommt und sie ist schon da, in der ihr versprengt werdet, jeder in sein Haus, und mich werdet ihr allein lassen. Aber ich bin nicht allein, denn der Vater ist bei mir* (Johannes 16,32).

- *Und er erhob seine Augen zum Himmel und sprach: Vater, die Stunde ist da. Verherrliche deinen Sohn, damit der Sohn dich verherrlicht* (Johannes 17,1).

Im Weinwunder bei der Hochzeit in Kana ist die Geistgabe bereits angedeutet, die uns Jesus im Abendmahlssaal und vom Kreuz her schenkt, als diese seine Stunde gekommen ist. Die gekommene »Stunde« ist auf die Verherrlichung Jesu bezogen. Das erste Zeichen im Johannesevangelium, die Wandlung des Wassers in Wein, ist somit als Vorwegnahme des Aufstrahlens seiner Herrlichkeit zu verstehen, die uns Jesus in seiner Stunde der Hingabe am Kreuz in vollendeter Weise schenkt.

Mit dem Hinweis auf die noch nicht gekommene Stunde bei der Hochzeit in Kana gibt Jesus seiner Mutter zu verstehen, dass ihm das Gesetz zum Handeln von einem anderen gegeben wird. Jesu »Stunde«, die noch nicht gekommen ist, bedeutet weniger einen festgelegten Termin – also eine berechenbare Zeit – als eine vom Vater erlassene Weisung.

> *Als der Wein ausging, sagte die Mutter Jesu zu ihm: Sie haben keinen Wein mehr. Jesus erwiderte ihr: Was willst du von mir, Frau? Meine Stunde ist noch nicht gekommen* (Johannes 2,3–4).

Mit der »Stunde« ist bei der Hochzeit in Kana die Herrlichkeitsoffenbarung Jesu gemeint, die später noch einmal im Abendmahlssaal beginnt – nachdem Judas die Gemeinschaft verlassen hatte – und sich im Tod Jesu am Kreuz und in seiner Auferstehung vollendet.

Für den Evangelisten Johannes ist der Tod Jesu zugleich die Stunde, in der der Menschensohn verherrlicht wird. Von dieser Welt geht er zum Vater hinüber.

INRI
1511

Zweiter Teil

Die Stunde Jesu vom Abendmahl bis zur Überwindung des Todes

I. Kapitel

Fusswaschung

Beginne jede Betrachtung mit »Im Namen des Vaters und des Sohnes und des Heiligen Geistes. Amen« und mache ein Kreuzzeichen.

Im dreizehnten Kapitel seines Evangeliums berichtet Johannes von der Fußwaschung. Die Stunde Jesu ist bereits gekommen, als er seinen Jüngern die Füße wäscht und anschließend das Abschiedsmahl mit ihnen einnimmt. Die »Stunde Jesu« bedeutet das Hinübergehen aus dieser Welt zum Vater und »Liebe bis zum Ende«. Diese für Jesus so entscheidende Stunde schließt seinen Tod am Kreuz und seine Auferstehung ein. Als Zeichen höchster Freiheit tut Jesus den niedrigsten Dienst an seinen Jüngern, indem er ihnen die Füße wäscht. In diesem Liebesdienst, den Jesus seinen Jüngern erweist – und damit im übertragenen Sinn auch uns –, kommt sein umfassendes Engagement für uns Menschen, seine letzte Hingabe und sein Lebenseinsatz bis zum Tod, zum Ausdruck.

> *Jesus stand vom Mahl auf, legte sein Gewand ab und umgürtete sich mit einem Leinentuch. Dann goss er Wasser in eine Schüssel und begann, den Jüngern die Füße zu waschen und mit dem Leinentuch abzutrocknen, mit dem er umgürtet war. Als er zu Simon Petrus kam, sagte dieser zu ihm: Du, Herr, willst mir die Füße waschen? Jesus antwortete ihm: Was ich tue, verstehst*

du jetzt noch nicht; doch später wirst du es begreifen (Johannes 13,4–7).

Die Weigerung des Simon Petrus, sich von Jesus die Füße waschen zu lassen, entspringt einerseits seiner hohen Achtung vor Jesus, andererseits begreift dieser Jünger nicht die auf einen tieferen Sinn angelegten Worte Jesu – ja, er versteht sie sogar falsch. Auch die anderen Jünger sind noch voll Unverständnis, da ihnen erst der Heilige Geist den Sinn des Tuns und des Todesweges Jesu erschließen wird.

Fühle dich bei der Fußwaschung in das Geschehen ein und versuche, den tieferen Sinn zu ergründen. Frage dich nach dem Symbolcharakter dieser Handlung. Gibt es auch in deinem Leben ein absolutes Engagement?

Jesus macht in der Fußwaschung seine Hingabe an die Menschen kraft seiner Liebe anschaulich und wirksam. Diese liebende Hingabe bis zum Tod am Kreuz und darüber hinaus ist die größte und herrlichste Tat seiner Erlösung. Die Jünger verstanden im Abendmahlssaal die Erniedrigung ihres Meisters noch nicht, der ihnen ein Beispiel demütigen Dienens geben wollte.

Petrus entgegnete ihm: Niemals sollst du mir die Füße waschen! Jesus erwiderte ihm: Wenn ich dich nicht wasche, hast du keinen Anteil an mir (Johannes 13,8).

Erst später gingen den Jüngern die Augen auf. Sie erkannten aus dem Tun ihres Meisters und Herrn, dass auch sie die Verpflichtung zu ähnlichen Diensten haben.

Ein umfassendes Engagement wird nur derjenige dauerhaft aufrechterhalten können, der wie Jesus Christus in Freiheit und Souveränität handelt. Der Grund dieser Freiheit liegt in der Verbundenheit mit Gott, dem Vater. Er ist die Quelle unerschöpflicher, alles vermögender Kraft. Diese Kraft, die

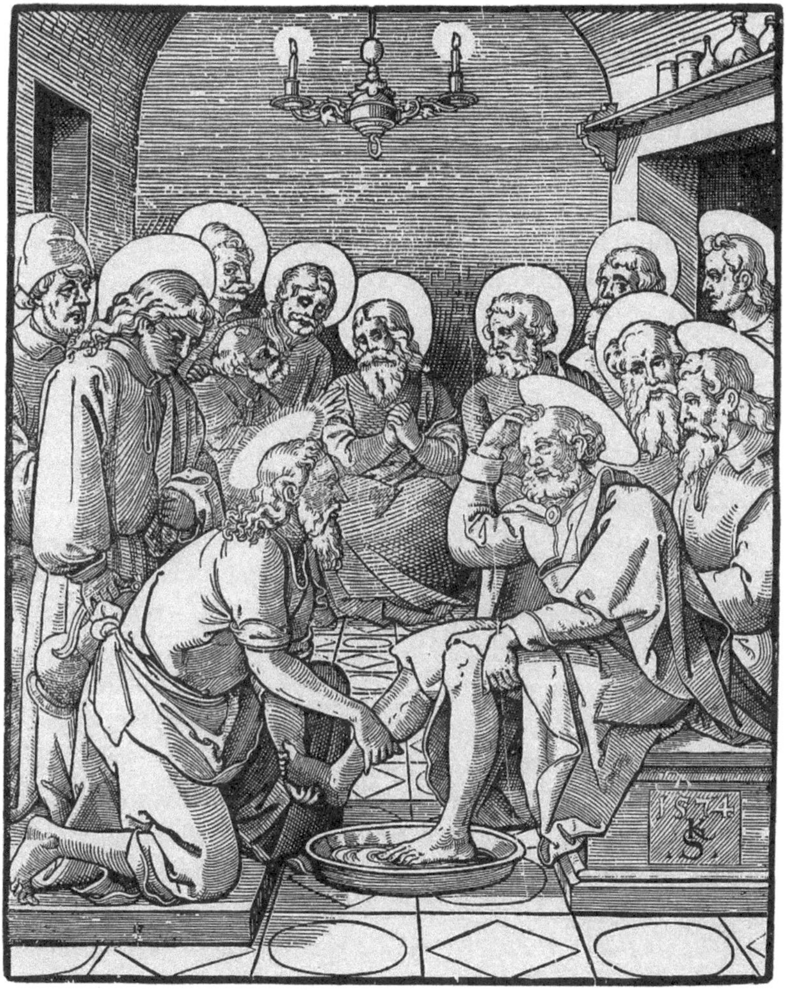
1574

dem Betrachter von außen her unbegreiflich und sinnlos scheinen mag, führt in eine andere, geheimnisvolle Dimension, in der einzig und allein Liebe waltet.

Aus diesem Gottesbewusstsein handelt Christus, der von Gott ausgegangen ist, ohne jedoch Gott zu verlassen oder uns aus dem Herzen zu verlieren, als er zu Gott zurückkehrte.

In seinem »Hymnus über die Fußwaschung« schreibt der syrische Diakon und Dichter Cyrillonas (4. Jh.):

Unser Herr führte die Zwölf in das Haus, um ihnen die Füße zu waschen. Er wies ihnen als Erbe ihre Plätze an und erhob sich dann, um ihnen als Freund zu dienen. Er goss das wohltuende Wasser ein, trug das Becken, nahm das Tuch und gürtete es um seine Lenden.

Da vergoss ich, der ich anwesend war, viele Tränen und mein Geist war verwirrt. Mein Angesicht verhüllte ich und wandte ab meinen Blick. Ich eilte hinaus, denn ich konnte es nicht ansehen, wie er sich niederbeugte. Deshalb verließ ich das Haus und rief laut: »Weshalb geschieht dies? Das Geschöpf sitzt vor seinem Schöpfer und lässt sich von ihm die Füße waschen?«

Ich befragte die Propheten: »Ich bitte euch, mich auf kurze Zeit ruhig anzuhören. Meine Augen haben Staunenerregendes gesehen, das ich vor euch allen darstellen will. Mein Sinn ist verwirrt und mein Geist voll Bestürzung. Der, den ihr verkündet habt als Feuer und Geist, als allmächtige Flamme, als Unsichtbaren gleich dem schwer zu schauenden Seienden, von dem ihr verkündet habt, dass kein Mensch in der Welt ihn erblicken und am Leben bleiben könne, der, von dem ihr gesagt habt, dass aus Furcht vor ihm die Engel sich das Angesicht mit ihren Flügeln verhüllen, der, von dem ihr erzählt habt, dass ihn Daniel als den Alten der Tage auf dem Thron sah, der, von dem ihr gelehrt habt, dass sein Blick die Welt erschreckt und die Schöpfung erbeben macht – eben derselbe ist zum Diener geworden, trägt das

Becken, wäscht Fischern die Füße und trocknet sie mit dem Tuch ab, ja, er tut das Gleiche sogar an seinem Verräter.«

»Schweige, o Mann, und spreche nicht weiter! Eine frohe Botschaft hast du uns verkündet. Wenn dies wirklich so geschehen ist, wird der ganzen Welt Hoffnung und Heil zuteil. Schon lange harren wir darauf, dies zu hören. Wir sind froh, denn die Worte unserer Bücher haben sich als wahr erwiesen. Gehe nun und sei unbesorgt. Danke und preise Gott und trauere nicht länger!«

II. Kapitel

Einsetzung des Sakramentes der Liebe

Der Alte Bund, den Gott auf dem Sinai mit seinem Volk geschlossen hat, ist hinfällig geworden, da Gottes Volk die Treue brach. Durch Jesus gilt die neue Weissagung, die der Prophet Jeremia nach dem Untergang des ersten Bundes in Aussicht stellte.

> *Seht, es werden Tage kommen – Spruch des Herrn –, in denen ich mit dem Haus Israel und dem Haus Juda einen neuen Bund schließen werde, nicht wie der Bund war, den ich mit ihren Vätern geschlossen habe, als ich sie bei der Hand nahm, um sie aus Ägypten herauszuführen. Diesen meinen Bund haben sie gebrochen, obwohl ich ihr Gebieter war – Spruch des Herrn. Denn das wird der Bund sein, den ich nach diesen Tagen mit dem Haus Israel schließe – Spruch des Herrn: Ich lege mein Gesetz in sie hinein und schreibe es auf ihr Herz. Ich werde ihr Gott sein, und sie werden mein Volk sein. Keiner wird mehr den anderen belehren, man wird nicht zueinander sagen: Erkennt den Herrn!, sondern sie alle, Klein und Groß, werden mich erkennen – Spruch des Herrn. Denn ich verzeihe ihnen die Schuld, an ihre Sünde denke ich nicht mehr* (Jeremia 31,31–34).

Wenn Jesus im Abendmahlssaal vom Blut des Neuen Bundes spricht, weist er auf diese Worte des Propheten Jeremia hin, die das Ende aller Herrschaft von Menschen über Menschen im Namen Gottes bedeuten. Friede wird im Herzen eines jeden Menschen sein, und niemand wird gehindert, wenn er sich auf den geistlichen Weg begibt – auf die Suche nach Gott.

> *Und er nahm Brot, sprach das Dankgebet, brach das Brot und reichte es ihnen mit den Worten: Das ist mein Leib, der für euch hingegeben wird. Tut dies zu meinem Gedächtnis! Ebenso nahm er nach dem Mahl den Kelch und sagte: Dieser Kelch ist der Neue Bund in meinem Blut, das für euch vergossen wird* (Lukas 22,19–20).

Auf diesem Bild sieht man Judas rechts am äußeren Bildrand, wie er die Gemeinschaft verlässt – ihr förmlich den Rücken zuwendet. In seiner rechten Hand trägt er den Beutel mit den dreißig Silberstücken (vgl. Matthäus 26,15). *Als Judas den Bissen Brot genommen hatte, fuhr der Satan in ihn* (Johannes 13,27). Der Maler hat die schwarzen Haare des Judas zu Hörnern geformt. Seine Gestalt ist im Vergleich zu den anderen Jüngern verschwindend klein. *Als Judas den Bissen Brot genommen hatte, ging er sofort hinaus. Es war aber Nacht* (Johannes 13,30). Dass es Nacht war, besagt keine Zeitangabe, sondern eine Zustandsangabe. Ein Mensch, der sich von Jesus trennt, der Jesus verrät, befindet sich in der »Nacht«.

Erst jetzt, nachdem Judas hinausgegangen war, sprach Jesus zu seinen Jüngern von seiner Verherrlichung und offenbarte ihnen das neue Gebot der Liebe. Jetzt beginnt die Stunde, in der Jesus durch den Tod am Kreuz verherrlicht wird. Diese Stunde wird durch den Weggang des Verräters eingeleitet.

> *Ein neues Gebot gebe ich euch: Liebt einander! Wie ich euch geliebt habe, so sollt auch ihr einander lieben. Daran werden alle erkennen, dass ihr meine Jünger seid: wenn ihr einander liebt* (Johannes 13,34–35).

Das »neue« Gebot, die Nächstenliebe nach dem Vorbild Jesu bis zum Tod, überbietet das alttestamentliche Gesetz. Die Erfüllung dieses Gebotes wird zum kennzeichnenden Merkmal der Jünger Jesu. Jesus offenbarte sich den Seinen erst, nachdem Judas – gemeint ist damit die widergöttliche Kraft – den Abendmahlssaal verlassen hatte.

Auf dem zweiten Bild des letzten Abendmahles von Rembrandt sind daher nur elf Jünger um Jesus versammelt.

Im Tod Jesu wird sein Leib hingegeben und sein Blut vergossen. Seine Heilstat und seine Heilsgabe sind gegenwärtig, wenn wir das Gedächtnismahl feiern. Brot und Wein sind zu Leib und Blut Christi geworden. Diese Gaben liebender Hingabe werden allen gereicht, die danach verlangen, damit sie immer neu und immer tiefer die geistliche Verbundenheit mit Gott erfahren. Jesus schenkt im Sakrament der Liebe Anteil an sich selbst, wie es inniger nicht denkbar ist. »Ich bin das Brot«, »Ich bin der Wein« sind Worte, die auf einen tiefen verborgenen Sinn deuten, auf Bleibendes, auf Ewiges, für das es keine Worte gibt.

> *Ist der Kelch des Segens, über den wir den Segen sprechen, nicht Teilhabe am Blut Christi? Ist das Brot, das wir brechen, nicht Teilhabe am Leib Christi?* (1. Korintherbrief 10,16).

Im Wortgottesdienst führt die Betrachtung zum inneren Gebet. Das innere Gebet führt zum Schweigen, in das hinein sich das Mahl der Liebe, die Eucharistie, schenkt. Dieses Sakrament der Liebe ist der Schlüssel zu verborgenen Räumen unserer Seele.

Bereite dich und empfange das Brot des Lebens und den Kelch des Heiles. Du wirst das gegenwärtige Leben – wenn es schwer für dich geworden ist – besser ertragen und durchhalten können. Du wirst eine noch größere Freude an deinem Leben gewinnen, da durch dich das Licht des Jenseitigen bereits in dieser Welt transparent wird.

Jesus Christus, vor aller Ewigkeit auserwählt und vom Vater gesegnet, wurde durch den Tod am Kreuz gebrochen und als Brot der Welt hingegeben. Wenn der Priester in der Eucharistiefeier das Brot nimmt, es segnet, es bricht und es mit den Worten »der Leib Christi« austeilt, beten wir darum, dass der Wille Gottes an uns geschehe und wir unser Leben mit der Lehre Christi in Einklang bringen.

Wir sollten uns auf die heilige Messe und die Kommunion vorbereiten, um Geschmack zu finden an dem, was uns aus der göttlichen Welt entgegenkommt und uns wandeln möchte. Geschmack einzig und allein an dem zu finden, was es in den Supermärkten dieser Welt gibt, reicht nicht aus, um den Hunger unserer Seele zu stillen. »Wir werden, was wir empfangen«, sagt Augustinus im Hinblick auf das eucharistische Geheimnis. Man könnte auch sagen: »Wir werden, was wir sind. Wir sind Kinder Gottes.« Als Kinder Gottes liegt unsere Bestimmung und Aufgabe darin, mit Gott geeint und zu seinem Ebenbild zu werden.

Das Sakrament der Versöhnung und vor allem der Empfang der heiligen Eucharistie tragen wesentlich dazu bei, dass der Mensch sich für Christus, für seine Botschaft und für sein Wesen öffnet. Lebendiger Glaube entsteht, eine bis in den innersten Grund reichende Offenheit, damit uns das Wesen Christi und damit das Wesen Gottes einleuchtet. *Wer mich gesehen hat,* sagt Jesus, *hat den Vater gesehen* (Johannes 14,9). So wie die Erde sich um die Sonne dreht, so bewegt sich der von Gott berührte Mensch um Christus als das Licht seines Lebens. Hierin liegt ein ahnungshafter Hinweis auf die Auferstehung, in die Christus uns mit hineinnehmen möchte, und auf die kommende Verklärung.

Dem Todesleiden Jesu gingen seine Liebeserweise voraus, und zwar nicht nur für diejenigen, für die er den Tod auf sich zu nehmen gekommen war, sondern auch für den, der ihn dem Tod überliefern wollte. So groß ist der Nutzen der Demut für den Menschen, dass die erhabene Gottheit sie durch Übung empfahl; denn der stolze Mensch geht ewig verloren, wenn ihn der demütige Gott nicht findet. Und der durch den Stolz des Versuchers verloren war, wurde gerettet durch die Demut des gütigsten Erlösers (Illation des Gründonnerstags).

III. Kapitel

Gebet Jesu im Garten Getsemani

Wir wissen sehr wenig darüber, wie Jesus gebetet oder meditiert hat. Er zog sich immer wieder zum Gebet zurück, um allein zu sein. In allen entscheidenden Situationen seines Lebens betete er. Sein Gebet hat aber auch für uns große Bedeutung, wenn es um Entscheidendes in unserem Leben geht. Jesus betete, bevor er den Jüngern die Christusfrage stellte: »Für wen haltet ihr den Menschensohn?« – und das Leidensgeheimnis erstmals enthüllte. Und während er betete, geschah seine Verklärung auf dem Berg Tabor. Das Beten Jesu löste den inständigen Wunsch der Jünger aus: *Herr, lehre uns beten* (Lukas 11,1), auf den die Übergabe des Herrengebetes folgte – des Vaterunsers. Jesus lädt also seine Jünger nicht ein, sich an seinem Gebet zu beteiligen, sondern weist sie an, ihren eigenen Gebetsweg zu gehen.

Ging Jesus in die Einsamkeit, um zu beten, nahm er normalerweise seine Jünger nicht mit. Zweimal jedoch durften ihn Petrus, Jakobus und Johannes, die Jünger, die ihm besonders nahestanden, in seine Gebetsstunden begleiten. Während der Verklärung auf dem Berg Tabor schenkte sich Wandlung in ihre betende Gemeinschaft. Das andere Ereignis, bei dem die Lieblingsjünger zugegen waren, war das Gebet Jesu im Garten Getsemani.

Seiner Gewohnheit entsprechend ging Jesus mit den

Jüngern über den Kidronbach zum Ölberg. Judas, der ihn verriet und auslieferte, kannte den Ort, da Jesus dort oft mit seinen Jüngern zusammengekommen war. Im Ölberggarten erschauerte Jesus und er begann zu verzagen. Er sagte zu Petrus, Jakobus und Johannes: *Meine Seele ist zu Tode betrübt. Bleibt hier und wacht mit mir!* (Matthäus 26,38). Jesus ging ein Stück voraus – etwa einen Steinwurf weit –, warf sich auf die Erde nieder und betete: *Mein Vater, wenn es möglich ist, gehe dieser Kelch an mir vorüber. Aber nicht wie ich will, sondern wie du willst* (Matthäus 26,39).

Die Angst Jesu verstärkte sich. Er betete noch inständiger mit den gleichen Worten, die er dreimal wiederholte. Ein Engel erschien ihm vom Himmel und stärkte ihn. Sein Schweiß war wie Blutstropfen, die auf die Erde niederrannen. Als Jesus sich vom Gebet erhob und zu den Jüngern zurückkam, fand er sie schlafend.

Auf diesem seinem letzten Weg in Freiheit hatte er sich von seinen Lieblingsjüngern erhofft, dass sie ihn durch ihre Gegenwart und ihr Gebet mittragen und stärken würden. Die Müdigkeit nach äußerster seelischer Anstrengung hatte sich jedoch der Jünger bemächtigt. Sie wussten weder etwas von der großen Bedeutung dieser Nacht noch was sie ihnen bringen würde.

Es ist drückend heiß. Ein Chamsin, ein trockener Wüstenwind, fegt über Jerusalem. Jesus schreit – geschüttelt von Todesangst – zu seinem Vater. Er weiß, dass er verloren ist, dass sein Weg nach Jerusalem Opfergang ist und dass er das Leben bis zum Tod auf sich nehmen muss. Gerade Jesus, der keinen Menschen ausstoßen konnte, ist in dieser Nacht selbst ein Ausgestoßener. Bebend vor Angst sieht er seiner Auslieferung und Hinrichtung entgegen.

Der seelische Schmerz jedoch ist noch tiefer. Die Erschütterung, die ihn ergriffen hat, besteht darin, dass nicht der Himmel ihn verlassen hat, sondern die Menschen. In dieser

Stunde ist die Kluft zwischen Jesus und den Jüngern unendlich größer als sonst. Da Jesus weiß, was im Menschenherzen vorgeht, erlebt er diese Nacht noch dunkler und furchtbarer. Er versteht, was Menschen tun, und will es nicht ändern. Er sieht, was in ihnen vorgeht, und will nichts verhindern. Man kann diesen Bericht nicht lesen und betrachten, ohne selbst zutiefst berührt zu sein. Hier bangt ein Mensch um sein Leben und leidet entsetzliche seelische Schmerzen, da ihn seine Freunde verlassen haben und sogar verraten werden.

Die Verbundenheit mit seinem Vater jedoch ermöglicht ihm die Hingabe an den göttlichen Willen, gibt ihm Vertrauen und Stärke, die ihn bis zum Ende aushalten lassen. *Die Stunde kommt, und sie ist schon da, in der ihr versprengt werdet, jeder in sein Haus, und mich werdet ihr allein lassen. Aber ich bin nicht allein, denn der Vater ist bei mir* (Johannes 16,32).

Jesus ging immer wieder an einsame Orte, um mit seinem Vater allein zu sein und zu beten. Wenn im Leben Jesu diese einsamen Gebetsstunden wichtig und für ihn notwendig waren, um in der Kraft und Liebe des Heiligen Geistes zu bleiben, zeigt das, wie unverzichtbar das Gebet erst recht für uns ist. Auch in unserem Leben muss das viele dem einen, dem Notwendigen, weichen: der Verbundenheit mit Gott, dem Vater.

Das Anliegen Jesu war und ist es, uns zum Gebet und damit zu größerer Verbundenheit mit Gott zu führen. Er wollte, dass auch wir – wie er selbst im Gebet am Ölberg – unseren Glauben fest auf Gott richten, um alle Angst zu verlieren. Im Augenblick der äußersten Herausforderung in seinem Leben sprach er die dritte Vaterunser-Bitte und wiederholte einige Male, dass nicht sein, sondern der Wille Gottes geschehen möge.

Möchtest du wissen, wie du am einfachsten und besten beten sollst? Aus dem Gebet Jesu am Ölberg ergeben sich mögliche Antworten.

- Bete regelmäßig.
- Wähle – wenn es dir möglich ist – den gleichen Ort zum Beten.
- Achte darauf, täglich zur gleichen Zeit zu beten.
- Es ist ratsam, Kontakt mit dem Boden aufzunehmen, bevor du mit deinem Gebet beginnst.
- Viele mündliche Gebete können einem Gebetswort oder *einem* Stoßgebet weichen, das du verinnerlichst und oftmals wiederholst.

Als Mensch benötigte Jesus das vertiefte innerliche Gebet. Er brauchte es für sich selbst und gab es uns als Leitbild. Die einsamen leid- und angstvollen Stunden Jesu im Garten Getsemani zeigen, dass die Angst überwunden werden kann, die uns immer wieder hindert, wirklich zu sein. Wir stellen uns unumgänglichen Lebenssituationen, fliehen nicht vor der Wahrheit, nehmen Unvermeidliches an und sind offen für himmlische Kräfte. Einmal wird es diese Angst nicht mehr geben, die uns von Gott, von uns selbst und von anderen Menschen trennt.

IV. Kapitel

Gefangennahme Jesu

Nachdem Jesus sein einsames Gebet im Ölberggarten beendet hatte, kehrte er zu den Jüngern zurück und fragte sie: *Schlaft ihr immer noch und ruht euch aus? Die Stunde ist gekommen; jetzt wird der Menschensohn den Sündern ausgeliefert. Steht auf, wir wollen gehen! Seht, der Verräter, der mich ausliefert, ist da* (Matthäus 26,45–46).

Was mag in dem Mann aus Judäa, Judas Iskariot, vorgegangen sein? Voller Begeisterung hatte er sich Jesus angeschlossen und war ihm gefolgt. Welches Motiv bewegte Judas, auf seinen besten Freund zuzugehen und ihm gar noch einen Kuss zu geben – das Zeichen für Frieden und Freundschaft? Hatte ihn das Geld, die dreißig Silberstücke, gelockt, seinen Herrn und Meister zu verkaufen? Oder könnte es noch einen anderen Grund gegeben haben, Jesus den Händen seiner Feinde zuzuführen? Judas wird sich zerrissen gefühlt haben zwischen der althergebrachten jüdischen Lehre und dem Anliegen und der Lehre Jesu. Judas war gewiss von der Botschaft Jesu überzeugt – konnte sie jedoch nicht mit der Lehre der religiösen Autoritäten seines jüdischen Volkes in Einklang bringen. Kann es daher nicht sein, dass dieser Judas verzweifelt darum gerungen hat, Gemeinsames zu finden? Wollte er eine offene Auseinandersetzung zwischen Jesus und dem Hohen Rat herbeiführen und sie durch seine

Handlung gewaltsam erzwingen? Vielleicht wollte Judas den Hohen Rat nötigen, der Botschaft Jesu zuzuhören und sich mit ihr auseinanderzusetzen? Sicher war Judas entsetzt, als Jesus gleich darauf gefangen genommen und abgeführt wurde. Später, als Jesus zum Tod verurteilt war, reute Judas seine Tat.

Er brachte den Hohenpriestern und den Ältesten die dreißig Silberstücke zurück und sagte: Ich habe gesündigt, ich habe euch einen unschuldigen Menschen ausgeliefert. Sie antworteten: Was geht das uns an? Das ist deine Sache. Da warf er die Silberstücke in den Tempel; dann ging er weg und erhängte sich (Matthäus 27,3b–5).

In der Stunde des Verrats am Ölberg wurde das Versagen aller Jünger und die völlige Verlassenheit Jesu offenbar. Die Jünger, die einstmals alles verließen, um Jesus nachzufolgen, hatten jetzt den Meister verlassen. Mit der Auslieferung des Menschensohnes an seine Feinde begann die Passion Jesu. Ganz allein ging er seinen schweren Weg weiter – mit Ruhe und in Würde trat Jesus denen entgegen, die ihn ergreifen und abführen wollten. Schließlich war er ganz von seinen Feinden umgeben. Selbst in dieser Bedrängnis nutzte Jesus seine Macht nicht, um sich zu widersetzen. Im Gegenteil: Er nutzte seine Macht, um Geschlagene zu heilen und den Feinden Gutes zu tun.

Er bleibt Heiland auch für seine Gegner.

Zu den Hohenpriestern aber, den Hauptleuten der Tempelwache und den Ältesten, die vor ihm standen, sagte Jesus: Wie gegen einen Räuber seid ihr mit Schwertern und Knüppeln ausgezogen. Tag für Tag war ich bei euch im Tempel, und ihr habt nicht gewagt, gegen mich vorzugehen. Aber das ist eure Stunde, jetzt hat die Finsternis die Macht (Lukas 22,52–53).

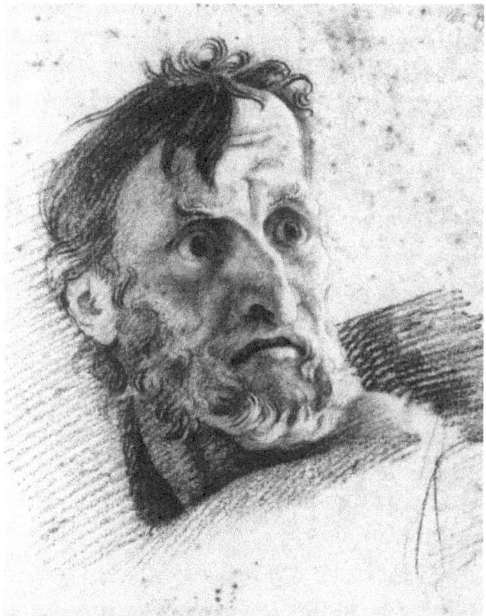

Jetzt war die Stunde der Feinde Jesu da, in der sie als Werkzeug des Widergöttlichen handelten. In dieser Stunde, in der die Gegner Jesu ihre Pläne verwirklichten, konnte sich die Macht der Finsternis verbreiten, denn die Stunde der Finsternis lauert immer darauf, dass ihr Macht gegeben wird.

Jesus, der keine Gewalt anwendete, wurde nun gefesselt und ging konsequent bis zum Ende den Weg der Gewaltlosigkeit, den er im Evangelium lehrt.

Die Ergreifer schrien laut – so wie Sieger schreien, wenn sie nach der Niederlage der Feinde mit Beute beladen zurückkehren. Die heilenden und segnenden Hände Jesu waren mit groben Stricken zusammengebunden. Als er abgeführt wurde, schlug man auf ihn ein. Die Finsternis dieser Menschen war jedoch nicht in der Lage, die lichtvolle Ausstrahlung Jesu zu überschatten.

Noch in der Nacht brachten die Soldaten, ihre Befehlshaber und die Gerichtsdiener Jesus zu Hannas, bei dem das Verhör für die Nacht angesetzt war. Hannas, der nicht mehr amtierende Hohepriester, galt als politische Vertrauensperson. Die Hohenpriester waren unter der römischen Herrschaft die maßgeblichen politischen Führer des Judentums.

Wenn auch Jesus als Gefesselter und Geschlagener äußerlich ohnmächtig war, so war doch seine geistige Kraft ungebrochen.

> *Der Hohepriester befragte Jesus über seine Jünger und über seine Lehre. Jesus antwortete ihm: Ich habe offen vor aller Welt gesprochen. Ich habe immer in der Synagoge und im Tempel gelehrt, wo alle Juden zusammenkommen. Nichts habe ich im Geheimen gesprochen. Warum fragst du mich? Frag doch die, die mich gehört haben, was ich zu ihnen gesagt habe; sie wissen, was ich geredet habe* (Johannes 18,19–21).

Mit sachlicher Überlegenheit verwies Jesus auf sein früheres öffentliches Wirken und damit auf seine Auseinandersetzung mit dem Judentum. Jesus, der in aller Offenheit und aller Öffentlichkeit redete, wurde mit seiner Antwort an den Hohenpriester zum Verteidiger seiner Lehre gegen die Angriffe der religiösen Führer.

> *Auf diese Antwort hin schlug einer von den Knechten, der dabeistand, Jesus ins Gesicht und sagte: Redest du so mit dem Hohenpriester? Jesus entgegnete ihm: Wenn es nicht recht war, was ich gesagt habe, dann weise es nach; wenn es aber recht war, warum schlägst du mich?* (Johannes 18,22–23).

Trotz des demütigenden Schlages ins Gesicht blieb Jesus gefasst und ruhig. Ungeachtet der Schamlosigkeit dieser schmachvollen Misshandlung erteilte Jesus dem Knecht eine hoheitsvolle Antwort.

Danach schickte ihn Hannas gefesselt und streng bewacht zu Kajaphas, seinem Schwiegersohn, der in jenem Jahr Hoherpriester war.

V. Kapitel

Verhör vor dem Hohen Rat

Der Hohepriester Kajaphas wusste genau, was er sagte und was er tat. Er wusste, dass Jesus unschuldig war – doch sah er ihn durch dessen wachsende Macht als gemeingefährlich an, da er verkündete, durch ihn bräche eine neue Zeit an. Jesus wurde zur Last gelegt, die politische sowie die religiöse Ordnung des Landes infrage zu stellen. Der Hohepriester sagte zu Jesus: *Ich beschwöre dich bei dem lebendigen Gott, sag uns: Bist du der Messias, der Sohn Gottes? Jesus antwortete: Du hast es gesagt* (Matthäus 26,63–64a).

Jesus offenbarte sich nicht den Menschen, die nach Gott suchten und fragten, sondern seinen böswilligen Richtern, deren Hass und Aggressivität ihn von Anfang an umgab. Obwohl Jesus nun von allen Seiten bedrängt wurde, behielt er seinen festen Standpunkt des reinen Vertrauens auf Gott – einen Standpunkt ohne Angst.

> *Ich kenne deine Bedrängnis und deine Armut; und doch bist du reich. Und ich weiß, dass du von solchen geschmäht wirst, die sich als Juden ausgeben; sie sind es aber nicht, sondern sind eine Synagoge des Satans* (Offenbarung 2,9).

Die Behauptung des Angeklagten, er sei der Messias, wurde in den Augen der Ratsmitglieder als Gotteslästerung gewertet.

Jesus bezeugte das, was er in Wirklichkeit ist, und wurde vom Hohen Rat als Messias zum Tod verurteilt. Kajaphas hatte lange das Problem erkannt: den Konflikt zwischen der Messias-Hoffnung der Menge und der römischen Machtpolitik. Seine Aufgabe bestand darin, dieses Problem nicht nur zu entschärfen, sondern es gänzlich aus der Welt zu schaffen. Da der Hohepriester Kajaphas zwischen jüdischem Tempel und römischer Verwaltung zu vermitteln hatte, handelte er seiner »Verantwortung« entsprechend, wenn er Jesus beseitigte. Ein Mann wie Jesus war undurchschaubar, nicht zu fassen und nicht festzulegen, ungreifbar, nicht zu widerlegen, geheimnisvoll und somit äußerst gefährlich sowohl für das jüdische Volk als auch für die römische Herrschaft – davon war der in seiner politischen Zweideutigkeit gefangene Kajaphas fest überzeugt.

> *Kajaphas aber war es, der den Juden den Rat gegeben hatte: Es ist besser, dass ein einziger Mensch für das Volk stirbt* (Johannes 18,14). *Sie antworteten: Er ist schuldig und muss sterben. Dann spuckten sie ihm ins Gesicht und schlugen ihn. Andere ohrfeigten ihn und riefen: Messias, du bist doch ein Prophet! Sag uns: Wer hat dich geschlagen?* (Matthäus 26,66–68).

Der Hohe Rat versuchte auf diese gewaltsame Weise, die alte Ordnung wieder herzustellen. Kaum war die Verhandlung in dieser Nacht beendet, da fielen auch die Wachmannschaften über Jesus her. Böser Spott begleitete ihn sowohl von den jüdischen Dienern als auch von den römischen Soldaten. Dann begannen auch die Instinkte des Pöbels sich auszutoben. Jesus wurde misshandelt und war rechtlos den Schlägen roher Fäuste ausgeliefert.

> *Ich hielt meinen Rücken denen hin, die mich schlugen, und denen, die mir den Bart ausrissen, meine Wangen. Mein Gesicht verbarg ich nicht vor Schmähungen und Speichel* (Jesaja 50,6).

1698

VI. Kapitel

Verleugnung durch Petrus

Bei der Verklärung auf dem Berg Tabor – der Vorwegnahme des österlichen Geheimnisses der Auferstehung – durfte Petrus anwesend sein und Einsicht in Kommendes nehmen, um die Passion mittragen zu können. Doch er verstand nicht. Und während Jesus die Stunde schlimmster Angst im Ölberggarten durchleiden musste, fiel die Seele des Petrus in tiefen Schlaf. Keine Treue- und Absichtserklärungen, keine hohen Ideale und keine heroischen Verhaltensweisen hatte Jesus erwartet – nur Wachsamkeit und erhöhte Sensibilität für den Leidensweg, den er jetzt gehen musste.

Jesus hatte vorausgesagt, alle Jünger – so auch Petrus – würden straucheln.

> *Ihr werdet alle (an mir) Anstoß nehmen und zu Fall kommen; denn in der Schrift steht: Ich werde den Hirten erschlagen, dann werden sich die Schafe verstreuen* (Markus 14,27).

Als Jesus abgeführt wurde, brach auch über Petrus die Nacht herein. Bis zum Hof des Hohenpriesters folgte er Jesus und blieb vom Verhaftungskommando unerkannt. Somit scheute er die Gefahr nicht völlig. Zunächst wurde Petrus nur angeblickt, dann angesprochen und schließlich als Galiläer durchschaut. Die Magd hatte ihn erkannt.

ROMA
1603

Petrus wich nun aus Angst immer mehr zurück und begab sich innerlich auf die Flucht. Der Erste des Jüngerkreises, Simon Petrus, verleugnete drei Mal seinen Herrn und Meister. Mit dem Hahnenschrei am frühen Morgen ging mit der dritten Verleugnung des Petrus die Vorhersage Jesu in Erfüllung. Der am höchsten von Jesus erhöht wurde, Petrus, fiel nun am tiefsten. Und Petrus hatte sich so sicher gefühlt: Er wollte bedingungslos gut sein, doch vermochte er es nicht, diesem seinem Anspruch in Zeiten höchster Gefahr zu entsprechen. Petrus war der Angst in dieser Nacht ohnmächtig ausgeliefert. Erschütternd erfahren wir die tiefe innere Zwiespältigkeit und Widersprüchlichkeit im Verhalten des Petrus. Worte der Treue hatte er ausgesprochen und einen hohen Idealismus Jesus gegenüber an den Tag gelegt. Nun, da Petrus sich in der Dunkelheit der Nacht befand, brach die hinter allem guten Willen verborgene Macht der Angst in ihm durch.

> *Etwa eine Stunde später behauptete wieder einer: Wahrhaftig, der war auch mit ihm zusammen; er ist doch auch ein Galiläer. Petrus aber erwiderte: Mensch, ich weiß nicht, wovon du sprichst. Im gleichen Augenblick, noch während er redete, krähte ein Hahn. Da wandte sich der Herr um und blickte Petrus an. Und Petrus erinnerte sich an das, was der Herr zu ihm gesagt hatte: Ehe heute der Hahn kräht, wirst du mich dreimal verleugnen. Und er ging hinaus und weinte bitterlich* (Lukas 22,59–62).

Jesus wurde durch den Hof geführt und blickte Petrus an. Wird es nicht ein vergebender und liebender Blick gewesen sein, der dem Petrus trotz der ihn umgebenden Dunkelheit Zuversicht gab und einen Lichtblick vermittelte? Petrus weinte bitterlich – und doch war er noch nie so umfangen von der Liebe und Barmherzigkeit Gottes. Jesus hatte ihm vergeben – und das bereits, bevor Petrus aus Angst seinen Herrn und Meister verraten hatte. Petrus wird sich in diesem Augenblick

HGB

seiner eigenen Hilflosigkeit voll bewusst gewesen sein. Gleichzeitig durfte er erfahren, dass hinter allem der Herr steht und dass sogar in der Finsternis Jesus der Herr ist, dessen Licht leuchtet.

Es gibt für uns nur einen Weg: die Schwäche und die Schuld zuzugeben und einzugestehen, um sie zu überwinden. Das Eingestehen unserer Schwäche sollte jedoch ohne Resignation und Hoffnungslosigkeit geschehen. Jesus möchte – wie im Fall des Petrus –, dass auch wir nach begangener Schuld Gott nicht aus den Augen verlieren. Er wird immer, was auch geschah oder kommen mag, zu uns stehen.

VII. Kapitel

Geisselung Jesu

Als die Juden gerufen hatten, nicht Jesus sollte ihnen von Pilatus auf Ostern freigegeben werden, sondern der Räuber Barabbas, nicht der Heiland, sondern der Mörder, nicht der Geber des Lebens, sondern der Zerstörer, da ließ Pilatus Jesus ergreifen und geißeln. Dies hat Pilatus, wie anzunehmen ist, aus keinem anderen Grunde getan, als damit die Juden, durch seine Misshandlungen zufriedengestellt, es für genügend erachten und ablassen möchten, so lange zu wüten, bis er getötet würde (Augustinus, Johannesevangelium).

Die Geißelung gehörte als Vorstrafe zur Kreuzigung, um den Verurteilten zu schwächen und die Qualen der Kreuzigung noch unerträglicher zu machen. Zunächst jedoch war Pilatus nicht davon ausgegangen, Jesus kreuzigen zu müssen. Er glaubte, die Geißelung Jesu würde das aufgebrachte Volk beruhigen, sodass die Todesstrafe nicht mehr verhängt werden müsste.

Jesus blieb jedoch nichts von den Schmerzen erspart, die sich Menschen für Menschen ausgedacht haben. Die römische Geißelung wurde auf barbarische Weise vollzogen. Der Verurteilte wurde entkleidet, an einen Pfahl oder an eine Säule gebunden und von mehreren Folterknechten so lange geschlagen, bis das Fleisch des Verurteilten in blutigen Fetzen herabhing. Die Folterknechte waren eigens zur Geißelung angestellte Sklaven. Die Geißelung bestand aus einer Auspeitschung mit der »Geißel« oder einer Peitsche aus Lederriemen oder eisernen Ketten. Die Riemen und Ketten hatten am Ende einen Stachel oder mehrere aufgereihte Knochenstücke, Steine oder Bleiklumpen. Eine solche Geißelung galt als äußerst grausam und schrecklich. Ein Höchstmaß von Schlägen war nicht vorgesehen, sodass nicht selten während der Exekution der Tod eintrat.

Das Volk und die Gegner Jesu waren derartig aufgebracht, dass sie sich mit der Geißelung nicht zufriedengaben. Alles Gute, was er ihnen erwiesen hatte, war vergessen. Jetzt hatten sie Angst vor Jesus, denn seine Lehre schien ihnen auf einmal unverständlich, und sie meinten, etwas Fremdes ginge von ihm aus. Jetzt wurde er als Feind betrachtet, als Bedrohung, die nicht nur die politische Ordnung infrage stellte, sondern auch die eigene persönliche Denk- und Lebensweise. Sie fühlten sich durch das Fremde, das das Gewohnte infrage stellte, verletzt und verlangten, dass es ausgerottet werde.

Pilatus sah sich hierzu gezwungen und glaubte, nicht anders handeln zu können: Er vollendete die Auslieferung Jesu mit seiner Auslieferung an die Soldaten zur Kreuzigung. Somit war die Geißelung Jesu zur Begleitstrafe dieser grausamen Todesstrafe geworden.

Betrachte, wie abgesondert und grenzenlos allein Jesus die unsagbaren Schmerzen ertrug – ohne ein Wort der Schmach. Schaue ihn an, wie er an eine Säule gefesselt war und schweigend unzählige Geißelhiebe auf sich nahm. Er, der Sohn Gottes, der Herr der Heerscharen, der Herr der Mächte und Gewalten, hatte zu dieser Stunde keinen Verteidiger auf Erden und keinen Fürsprecher.

VIII. Kapitel

Verspottung Jesu durch die Soldaten

Das Schweigen Jesu bei den Geißelhieben und den vielen Beschimpfungen, die er erlitt, zeigte Standhaftigkeit und Selbstbeherrschung. Und diese erhabene Sanftmut bewahrte er auch, als seine Feinde ihn verspotteten, ihm den Purpurmantel anzogen, den Dornenkranz auf sein Haupt setzten und statt eines Zepters ihm das Rohr in die Hand gaben; auch nicht ein unedles, auch nicht ein unwilliges Wort äußerte er zu denen, die so schlimme Dinge an ihm verübten (Origenes, Gegen Celsus).

Nach der Verurteilung Jesu zum Tod mussten die Vorbereitungen für die Hinrichtung getroffen werden. Diese Zwischenzeit nutzten die Soldaten, um Jesus zu verspotten. Die ganze Kohorte wurde zusammengeholt, um diesen grausamen Spott mit Jesus, dem »König der Juden«, zu genießen. Unter den römischen Soldaten – die Juden waren unter der römischen Herrschaft vom Militärdienst befreit – befanden sich auch syrische Hilfstruppen, die wegen ihres Judenhasses bekannt waren. In der Verspottung des »Judenkönigs« kam also der allgemeine Judenhass zum Ausdruck. Die Soldaten hatten zusätzlich ihren Spaß daran, den Messias-Anspruch Jesu lächerlich zu machen. Es bereitete ihnen Vergnügen, in der Person Jesu den gesamten »Wahn« der jüdischen Messias-Hoffnung zunichtezumachen. Doch tiefer gesehen ging es auch darum, den Anspruch aller Könige, aller Autoritäten und Vorgesetzten in einer solchen Verspottung, wie sie Jesus zugefügt wurde, mit Füßen zu treten. Jesus wurde als lächerlicher Königskandidat erklärt, verhöhnt, verlacht und verspottet. Man huldigte dem »König« in zynischer Frechheit.

Der Ort der Verspottung war das Innere des Prätoriums der Herodes-Burg, der Jerusalemer Residenz des Statthalters.

> *Sie erwiesen ihm falsche Ehre, indem sie ihn »König« nannten; dadurch spielten sie auf die Anklage der Juden an, die gesagt hatten, er habe sich selbst zum König der Juden gemacht. Und darum erwiesen sie ihm dreifache Königsehre, aber falsche: erstens durch eine Spottkrone; zweitens durch ein Spottgewand; drittens durch einen spöttischen Gruß. Denn damals war es, wie auch heute, noch Gewohnheit, dass jene, die zum König kamen, ihn grüßten. Backenstreiche gaben sie ihm, um anzuzeigen, dass es spöttisch gemeint war, dass sie ihm solche Ehre erwiesen* (Thomas von Aquin, Johannes-Kommentar).

Der an die Römer ausgelieferte Menschensohn erfuhr in der Verspottung durch die Soldaten vor seiner Kreuzigung die tiefste Erniedrigung. Die Verhöhnung und Demütigung Jesu, der zum wehrlosen Opfer wurde, ging nun über in Misshandlungen.

> *Sie gaben ihm einen Stock in die rechte Hand. Sie fielen vor ihm auf die Knie und verhöhnten ihn, indem sie riefen: Heil dir, König der Juden! Und sie spuckten ihn an, nahmen ihm den Stock wieder weg und schlugen ihm damit auf den Kopf* (Matthäus 27,29–30).

Das Anspeien und das Schlagen auf das Haupt – Akte ungezügelter Böswilligkeit – drückten höchste Verachtung und Schmähung aus. In Wahrheit jedoch war und ist Jesus König, da er dies alles schweigend ertrug und sein Herrschen im

Dienen und Lieben ausübt. Für die vielen, die leiden mussten, die jetzt leiden und die leiden werden, ertrug er die Wunden der Geißelung, die des Dornenkranzes und die Qual der Verspottung. Jesus ist der Gottessohn, dem die Menschen – wir – die größte Schmach angetan haben und antun. Trotzdem liebt Gott die Menschen und hat es so beschlossen, um sie durch ihre Bosheit und durch seine verborgene und vergebende Liebe zur Umkehr zu führen.

Das Schicksal des Gottesknechtes ist in Jesus Christus Wirklichkeit geworden.

Er wurde verachtet und von den Menschen gemieden,
ein Mann voller Schmerzen, mit Krankheit vertraut.
Wie einer, vor dem man das Gesicht verhüllt,
war er verachtet; wir schätzten ihn nicht.
Aber er hat unsere Krankheit getragen
und unsere Schmerzen auf sich geladen.
Wir meinten, er sei von Gott geschlagen,
von ihm getroffen und gebeugt.
Doch er wurde durchbohrt wegen unserer Verbrechen,
wegen unserer Sünden zermalmt.
Zu unserem Heil lag die Strafe auf ihm,
durch seine Wunden sind wir geheilt.
Wir hatten uns alle verirrt wie Schafe,
jeder ging für sich seinen Weg.
Doch der Herr lud auf ihn
die Schuld von uns allen.
Er wurde misshandelt und niedergedrückt,
aber er tat seinen Mund nicht auf.
Wie ein Lamm, das man zum Schlachten führt,
und wie ein Schaf angesichts seiner Scherer,
so tat auch er seinen Mund nicht auf.
(Jesaja 53,3–7)

L

IX. Kapitel

Jesus trägt das schwere Kreuz

Das Urteil wurde meist sofort nach der Verkündung vollstreckt. Pilatus hatte mit dem Todesurteil über Jesus eine Militärstrafe verhängt. Daher musste die Garde des Prokurators für die Exekution sorgen. Hinrichtungen wurden nicht in der Stadt, sondern vor dem Tor außerhalb der Stadtmauern vollzogen. Der Kreuzweg Jesu vom Herodes-Palast zur Stadtmauer und von dort bis zur Richtstätte war nicht sehr weit; er betrug nur etwa sechshundert Meter. Der Weg führte absichtlich durch belebte Straßen, denn die Strafe der Kreuzigung sollte abschrecken.

Jesus wies das Kreuz nicht zurück. Er nahm es bereitwillig auf sich. Bei regulären Hinrichtungen trugen die Verurteilten nicht das ganze Kreuz, sondern nur den Querbalken – so auch Jesus. Als Längsbalken des Kreuzes dienten Pfähle, die an der Hinrichtungsstätte fest in die Erde eingerammt waren. Der Hügel, auf dem Jesus hingerichtet werden sollte, lag im Norden Jerusalems – außerhalb des Stadttores. Er trug den Namen »Golgota«, zu Deutsch »Schädelhöhe«, da der steil ansteigende Hügel die Form eines Schädels hatte.

Deshalb hat auch Jesus, um durch sein eigenes Blut das Volk zu heiligen, außerhalb des Tores gelitten (Hebräerbrief 13,12).

M. de vos f
Sadeler ex

Jesus war aufgrund der Geißelung und der Folterung nicht mehr in der Lage, den schweren Balken selbst bis zur Hinrichtungsstätte zu tragen. Er war so geschwächt und am Ende seiner Kraft, dass die Soldaten noch innerhalb der Stadt einen Mann, der zufällig vom Feld kam, zwangen, Jesus das Kreuz abzunehmen. Die römische Besatzungstruppe hatte das Recht, jeden zum öffentlichen Dienst heranzuziehen.

Dieser Mann war Simon von Zyrene, ein Diaspora-Jude, der früher im nordafrikanischen Zyrene gelebt hatte. Dort gab es eine große jüdische Kolonie. Viele Juden zogen im Alter jedoch wieder zurück nach Jerusalem. So war auch Simon zurückgekehrt, um sich in der Nähe des Tempels auf das kommende Leben vorzubereiten.

Kein Jünger und kein Apostel war zur Stelle, um Jesus zur Seite zu stehen und ihm zu helfen, obwohl er ihnen gesagt hatte, dass seine Nachfolge Kreuzesnachfolge sei.

> *Zu allen sagte er: Wer mein Jünger sein will, der verleugne sich selbst, nehme täglich sein Kreuz auf sich und folge mir nach* (Lukas 9,23).

Alle Jünger hatten ihre Bereitschaft beteuert, mit Jesus in den Tod zu gehen.

> *Da sagte Petrus zu ihm: Und wenn ich mit dir sterben müsste – ich werde dich nie verleugnen. Das Gleiche sagten auch alle anderen Jünger* (Matthäus 26,35).

Nun war auf dem Kreuzweg Jesu nicht einmal mehr einer da, der ihm half, das schwere Holz zu tragen. Ein Fremder musste dies tun.

> *Als sie Jesus hinausführten, ergriffen sie einen Mann aus Zyrene namens Simon, der gerade vom Feld kam. Ihm luden sie das Kreuz auf, damit er es hinter Jesus hertrage* (Lukas 23,26).

Weint nicht über mich, sagte Jesus auf seinem Gang in den Tod zu einigen Frauen, die um ihn klagten und weinten. Der Anblick der Stadt Jerusalem und die Begegnung mit ihren Bewohnern, die ihm gutgesinnt waren, veranlasste Jesus, sein Vorauswissen um das Ende dieser Stadt und seine Liebe zu ihr und den Menschen zu offenbaren.

Als sie Jesus an den Ort namens Golgota gebracht hatten, reichten sie ihm Wein, der mit Myrrhe gewürzt war. Bei den Juden war es Brauch, dem Hinzurichtenden ein berauschendes Getränk zu geben, damit er die Qualen besser ertrage. Der gewürzte Wein war ein Betäubungsgetränk, um die furchtbaren Schmerzen aushalten zu können. Als Jesus das betäubende Getränk gekostet hatte, lehnte er es ab. Er wollte keine künstliche Linderung der Schmerzen – ein Zeichen, dass Jesus die Qualen und den Tod bewusst erdulden wollte. Es war sein Wunsch, mit vollem Bewusstsein in den Tod zu gehen und damit den Kelch, den ihm der Vater reichte, bis zur Neige auszutrinken.

Die Schande bricht mir das Herz,
ganz krank bin ich vor Schmach;
umsonst habe ich auf Mitleid gewartet,
auf einen Tröster, doch ich habe keinen gefunden.
Sie gaben mir Gift zu essen,
für den Durst reichten sie mir Essig.
(Psalm 69,21–22)

Glaubst auch du, dass der zum Tod verurteilte Jesus der Heiland der Welt ist? Eine wirklich glaubwürdige Antwort kannst du dir geben, wenn du durch dein Leben wenigstens etwas dazu bei-»getragen« hast, das Leid eines Menschen zu lindern und es ihm ein wenig zu erleichtern.

INRI
E G S
Purgando ſceleri liquidam capit urceus undam,
Sanctior ô quam vos qui cruce fluxit erat

X. Kapitel

Kreuzigung

Die Betrachtung soll an den Karfreitag erinnern und dazu beitragen, dass sich der Betrachtende dem Geheimnis des Kreuzes, des Todes und der Auferstehung Jesu nähert.

Es war üblich, die Schuld des Verurteilten öffentlich bekannt zu machen. Auf der Tafel, die Jesus auf seinem Kreuzweg vorangetragen wurde, stand: »Der König der Juden«. Nach der Kreuzigung wurde diese Tafel am Balken über dem Kopf des Gekreuzigten angebracht. Dass Pilatus schreiben ließ: »Der König der Juden«, und nicht: »Er gab sich als König der Juden aus«, war eine Verhöhnung des jüdischen Volkes. Die Hinrichtung am Kreuz galt in den römischen Provinzen als Sklavenstrafe, die sowohl zur Abschreckung der Freiheitskämpfer als auch zur Aufrechterhaltung öffentlicher Ordnung und Sicherheit diente.

Mit letzter Kraft und unter größten Mühen hatte Jesus die Richtstätte, Golgota, erreicht. Der schwere Querbalken des Kreuzes wurde Simon von Zyrene abgenommen. Nachdem die Soldaten Jesus entkleidet hatten, nagelten sie ihn am Boden liegend mit ausgestreckten Armen an das Querholz. Dieses wurde dann zusammen mit dem Körper am senkrecht im Boden eingerammten Hinrichtungspfahl hochgezogen und in einer Kerbe am oberen Teil des Pfahls befestigt. Unter unsagbaren Schmerzen nagelten sie nun die Füße Jesu an den

Längsbalken. Dieses Schlagen ans Kreuz, das mit großem Blutverlust verbunden war, leitete den Tod Jesu ein.

Da das Geschehen der Kreuzigung den damaligen Menschen als äußerst grausam bekannt war und die Christen aus Ehrfurcht eine Schilderung des Martyriums ihres Herrn vermeiden wollten, gibt es nur die kurz gefassten Berichte der Evangelisten.

Die Menschen der Antike empfanden die Kreuzesstrafe als die grausamste. Der römische Redner, Politiker und Schriftsteller Tullius Cicero (106–43 v. Chr.) nennt sie die »ärgste, höchste, grausamste und fürchterlichste Todesstrafe, die es gibt«. Für Josephus Flavius, jüdischer Geschichtsschreiber (38–100 n. Chr.), ist die Kreuzigung die »erbärmlichste aller Todesstrafen«. Der römische Geschichtsschreiber Cornelius Tacitus (55–116 n. Chr.) bezeichnet sie als »sklavische Todesstrafe«. Das Kreuz war und ist das qualvollste Marterinstrument der Weltgeschichte.

Am Morgen des Karfreitags hatten noch andere Prozesse stattgefunden. Mit Jesus wurden zwei weitere Männer gekreuzigt. Es waren Bandenkrieger, zelotische Freiheitskämpfer, die mit Recht zu den Aufständischen um Barabbas gezählt wurden.

> *Damals saß gerade ein Mann namens Barabbas im Gefängnis, zusammen mit anderen Aufrührern, die bei einem Aufstand einen Mord begangen hatten* (Markus 15,7).

Da das eine Kreuz des Bandenkriegers zur Rechten und das andere zur Linken Jesu stand, verspotteten die Soldaten umso mehr den »König der Juden«, der von den »Großen seines Reichs«, von »seinen Wesiren«, umgeben war.

Deshalb gebe ich ihm seinen Anteil unter den Großen, und mit den Mächtigen teilt er die Beute, weil er sein Leben dem Tod preisgab und sich unter die Verbrecher rechnen ließ. Denn er trug die Sünden von vielen und trat für die Schuldigen ein (Jesaja 53,12).

Nach römischem Recht fiel das Eigentum, das ein Exekutierter am Leib trug, den Henkern zu. Die Bekleidung Jesu bestand aus einem Ober- und einem Untergewand, einem Gürtel, Sandalen und vielleicht auch aus einer Kopfbinde. Das Hinrichtungskommando würfelte um die Kleider Jesu, und die Soldaten verteilten sie dann unter sich.

Selbst noch am Kreuz war Jesus von Spott und Schmähungen umgeben. Die Vorübergehenden und die Zuschauer, die sich bei der Hinrichtung eingefunden hatten, verhöhnten ihn auf hässlichste Weise. Auch einer der Mitgekreuzigten schmähte ihn mit Schimpfworten. Vor allem bezog sich die Verhöhnung auf das Messias-Bekenntnis Jesu. Man glaubte, der wahre Messias, den man erwartete, würde niemals am Kreuz hängen und leiden, sondern seine Gegner radikal vernichten. Auch die religiösen Autoritäten verhöhnten den Anspruch Jesu, denn seine Kreuzigung war für die jüdischen Schriftgelehrten die Widerlegung seiner Messianität. Jesus wurde zum Tod verurteilt, gefoltert und an ein Kreuz genagelt, weil der Gott des Erbarmens und der Liebe, den er verkündete, den maßgebenden Kreisen in seinem Volk widersprach. Die Macht seiner Freiheit und seiner Unbefangenheit sowie die Kraft seiner Güte wurden für seine Gegner unerträglich.

Einer der Spötter tauchte einen Schwamm in sauren Wein, steckte ihn auf einen Stock und hielt ihn vor die Lippen Jesu. Da Jesus an einem Hochkreuz hing und er ihn nicht mit ausgestreckter Hand erreichen konnte, musste er sich eines langen Stockes bedienen, auf das er den getränkten Schwamm steckte. Saurer Wein war ein minderwertiges Volksgetränk,

das jedoch durststillend und erfrischend wirkte. Dieser Trank, der von Soldaten und Arbeitern bevorzugt wurde, hatte nichts mit dem Betäubungstrank zu tun, der Jesus vor der Kreuzigung gereicht wurde. Der saure Wein sollte einerseits das Wundfieber und den Durst des Gekreuzigten lindern – andererseits jedoch auch sein Leben und damit die entsetzlichen Todesqualen verlängern.

Wir wollen sehen, ob seine Worte wahr sind, und prüfen, wie es mit ihm ausgeht. Ist der Gerechte wirklich Sohn Gottes, dann nimmt sich Gott seiner an und entreißt ihn der Hand seiner Gegner. Roh und grausam wollen wir mit ihm verfahren, um seine Sanftmut kennen zu lernen, seine Geduld zu erproben. Zu einem ehrlosen Tod wollen wir ihn verurteilen; er behauptet ja, es werde ihm Hilfe gewährt (Weisheit 2,17–20).

Der gekreuzigte Jesus blieb beständig im beobachtenden Blick sowohl der Soldaten als auch der Umherstehenden. Die unmenschliche Grausamkeit der Hinrichtung am Kreuz zeigte sich gerade darin, dass sie auf einen sehr langsamen und immer wieder hinausgezögerten Tod ausgerichtet war. Der Gekreuzigte hing, sobald seine Beine versagten und er keine Kraft mehr hatte, mit seinem gesamten Körpergewicht an den Armen. Schon nach kurzer Zeit traten schwere Durchblutungsstörungen auf, beklemmende Atemnot und Kreislaufversagen. Zwischen der sechsten und der neunten Stunde hörte die Sonne auf zu scheinen und es kam Finsternis über das Land. Am Leiden und Sterben Jesu nahm der gesamte Kosmos Anteil.

An jenem Tag – Spruch Gottes, des Herrn – lasse ich am Mittag die Sonne untergehen und breite am helllichten Tag über die Erde Finsternis aus. Ich verwandle eure Feste in Trauer und all eure Lieder in Totenklage. Ich bringe Trauer über das Land wie die Trauer um den einzigen Sohn (Amos 8,9–10).

I.N.R.I.
A
B
C
D
E
F
G
H
I
K
L
M
N

Jesus litt nicht nur unter den unermesslichen Qualen des Kreuzes, sondern auch unter unermesslichen Qualen der Seele. Auch seine seelische Verfassung kann kein Mensch ergründen. Die Verlassenheit Jesu in diesen Stunden der Finsternis war abgrundtief. Im Dunkel dieser »Gottverlassenheit« wandte er sich im Gebet an Gott, seinen Vater.

INRI

XI. Kapitel

Die sieben Worte Jesu am Kreuz

Erstes Wort:
Vater, vergib ihnen, denn sie wissen nicht, was sie tun.
Jesus hat nicht nur Feindesliebe gelehrt, sondern sie auch noch am Kreuz selbst vorgelebt.

> *Sie kamen zur Schädelhöhe; dort kreuzigten sie ihn und die Verbrecher, den einen rechts von ihm, den andern links. Jesus aber betete: Vater, vergib ihnen, denn sie wissen nicht, was sie tun* (Lukas 23,33–34a).

Während Jesus gekreuzigt wurde, betete er noch für seine Feinde und Peiniger. Er verwarf seine Gegner nicht, sondern gewährte ihnen Verzeihung, entschuldigte ihr Verhalten und bat den Vater, ihnen zu vergeben. Alles hatte Jesus hingegeben, um auch denen Gutes zu erweisen, die ihn hassten, und denen, die ohne selbst nachzudenken die Befehle der Obrigkeit ausführten. Er gab seine Freiheit hin durch die Kreuzigung, seine Ehre durch die Einreihung unter die Verbrecher und seine Kleider durch den Anspruch der Henker. Besonders für die Soldaten bat Jesus um Vergebung, und er entschuldigte sie vor dem Vater. Er wusste, dass gerade diese Menschen sein Erbarmen und seine Liebe brauchten, denn es fehlte ihnen an Einsicht und Erkenntnis.

Herr Jesus Christus,
selbst unter den größten körperlichen und seelischen Schmerzen
hast du noch für diejenigen gebetet,
die dir diese Qualen zufügten.
Vergib mir meine Schuld und gib mir die Kraft,
denen zu vergeben, die mir Unrecht tun.
Denn du bist gütig und liebevoll zu uns allen,
obwohl wir uns immer wieder von deiner Liebe entfernen.

Zweites Wort:
Heute noch wirst du mit mir im Paradies sein.
Das Volk, die Soldaten, die Schriftgelehrten wie auch einer der beiden Mitgekreuzigten verhöhnten Jesus auf gemeinste Weise.

> *Einer der Rebellen, die neben Jesus hingen, sagte: Uns geschieht recht, wir erhalten den Lohn für unsere Taten; dieser aber hat nichts Unrechtes getan. Dann sagte er: Jesus, denk an mich, wenn du in dein Reich kommst. Jesus antwortete ihm: Amen, ich sage dir: Heute noch wirst du mit mir im Paradies sein* (Lukas 23,41–43).

Niemand sonst bekannte sich in dieser Stunde öffentlich zu seinem Glauben an Christus. Es herrschten Ärgernis, Hohn und Spott. Selbst die Apostel zweifelten, und angstvolle Traurigkeit erfüllte ihre Herzen. Gerade in der Zeit, in der die Jünger sich versteckten und Maria das Schwert durch die Seele drang – wie es ihr Simeon im Tempel verheißen hatte –, erhob einer der Schächer mutig seine Stimme. Er wandte sich an Jesus, der neben ihm am Kreuz hing, und bekannte rückhaltlos seine Schuld. Er begann, von ganzem Herzen zu glauben und innerlich gegen seinen Irrtum anzukämpfen. Durch die Fanatiker um ihn herum ließ er sich nicht verwirren, sondern bekannte laut, dass Jesus eine Herrlichkeit bevorstehe, in der er seiner gedenken würde. Dieser Schächer kam zur Erkenntnis seiner Schuld durch den Anblick Jesu, von dessen Unschuld er überzeugt war. Für ihn war Jesus der Messias, der nun in sein eigentliches Reich zurückkehren würde, in das Paradies – eine überirdische Wirklichkeit.

In der Bitte des Schächers kommt das Jesus-Gebet zum Ausdruck, das in der Not des Kreuzes geboren wurde. Selbst im Sterben war Jesus noch Heiland und Freund der Sünder. Das Entscheidende seiner Zusage waren die Worte »heute noch«. Damit ging die Verheißung Jesu weit über das Erbetene hinaus.

Herr Jesus Christus, du bist mein Bruder und mein Freund.
Du gehst mit mir in den Tod und darüber hinaus.
Dein Weg führt ins Leben.
Und so bitte ich dich:
Lass deinen Weg auch zu meinem Weg werden.
Wenn ich untreu werde, so bleibst du, Herr, mir treu.
Wenn ich auf Abwege gerate,
führst du mich zurück auf den rechten Weg.
Durch das Bekenntnis des Schächers hast du mir gezeigt,
dass es für die Umkehr niemals zu spät ist.
Herr Jesus Christus,
du hast das Los des Sterbens mit allen Menschen geteilt.
Lass mich an deine Verheißung glauben,
dass auch ich mit dir leben werde.
Sei mit mir, jetzt und in der Stunde meines Todes.
Denn du bist der Weg, die Wahrheit und das Leben.

Drittes Wort:
Dies ist dein Sohn – dies ist deine Mutter.
Die Evangelisten Matthäus, Markus und Lukas berichten weder etwas von einem Wort Jesu an seine Mutter und an seinen Lieblingsjünger noch sagen sie etwas von der Anwesenheit

Marias und des Jüngers unter dem Kreuz. Nur im Passionsbericht des Evangelisten Johannes werden Anhänger Jesu unter dem Kreuz erwähnt: einige Frauen, darunter die Mutter Jesu, und der Jünger, den Jesus besonders lieb hatte.

> *Als Jesus seine Mutter sah und bei ihr den Jünger, den er liebte, sagte er zu seiner Mutter: Frau, siehe, dein Sohn! Dann sagte er zu dem Jünger: Siehe, deine Mutter!* (Johannes 19,26–27a).

Schon lange vor diesem Leiden, als ihm sein lebensbedrohlicher Weg bewusst wurde, wird Jesus für seine Mutter gesorgt haben. Den Jünger, dem er besonders zugetan war, betraute er mit dieser Sorge. Johannes bringt nun diese Fürsorge Jesu mit in das Geschehen der Kreuzigung hinein. Nach jüdischem Recht war es die Pflicht eines Sohnes, seine Mutter zu versorgen. Diese Rechtspflicht im jüdischen Gesetz basierte auf dem vierten Gebot.

> *Ehre deinen Vater und deine Mutter, damit du lange lebst in dem Land, das der Herr, dein Gott, dir gibt* (Exodus 20,12).

Da Jesus diese Aufgabe nicht mehr erfüllen konnte, setzte er den Jünger als seinen Rechtsnachfolger und Stellvertreter ein. Die fürsorgenden Worte Jesu an seine Mutter und den Jünger bilden eine Einheit und haben etwas mit der Vollendung des Werkes Jesu zu tun. Die Mutter Jesu soll den Jünger, den Jesus liebte, als ihren Sohn annehmen und bei ihm bleiben. Aber auch der Jünger wurde an Maria als Mutter verwiesen. Über die Fürsorgepflicht hinaus gibt es eine tiefere Bedeutung dieses Wortes Jesu am Kreuz.

Der Jünger, der mit Maria unter dem Kreuz stand, wird als Evangelist Johannes gesehen. Jesus hatte ihn dazu erwählt, seine Lehre und seine Offenbarung weiterzugeben. Ab diesem Zeitpunkt trug der Lieblingsjünger Jesu, der Maria

und später viele Heilsuchende bei sich aufnahm, Sorge dafür, dass Jesu Worte nicht verhallten und seine »Zeichen« richtig gedeutet und verstanden wurden. In Maria wiederum werden alle, die vom erhöhten Christus das Heil erwarteten und das Wort Jesu annehmen wollten, dem Johannes und damit seinem Evangelium anvertraut. In der Erfüllung dieses letzten Wunsches sah Jesus das Werk als vollendet an, das der Vater ihm aufgetragen hatte.

Jesus offenbarte den beiden Menschen, die ihm am nächsten standen, dass auch sie einander nahestehen. Wie hier ein alternder Mensch an einen jungen und ein junger Mensch an einen alternden verwiesen wurde, so sind auch wir in unseren Unterschieden und Gegensätzen aufeinander angewiesen. Durch Jesus Christus sind wir miteinander verwandt, und auch der Fernste ist unser Bruder oder unsere Schwester. Je näher wir zum Gekreuzigten und Auferstandenen kommen, desto näher kommen wir zueinander.

Herr Jesus Christus, du hast Ja zu mir gesagt.
Lass mich so leben, wie es deinem Willen entspricht,
damit auch ich die Menschen, die mir begegnen,
annehmen kann, wie du mich angenommen hast.

Viertes Wort:
Mein Gott, mein Gott, warum hast du mich verlassen?
Dieser furchtbarste aller Klagerufe lässt eine Ahnung von der Einsamkeit eines Menschen aufkommen, der nicht nur von seinen Mitmenschen verlassen wurde, sondern der sich auch von Gott verlassen fühlt.

Um die neunte Stunde rief Jesus laut: Eli, Eli, lema sabachtani?, das heißt: Mein Gott, mein Gott, warum hast du mich verlassen? Einige von denen, die dabeistanden und es hörten, sagten: Er ruft nach Elija (Matthäus 27,46–47).

Ob die Umstehenden Jesus wirklich missverstanden hatten oder ob sie ihn erneut verhöhnen wollten, bleibt offen. Der Prophet Elija galt bei den Juden als wirksamer Nothelfer, der besonders in Todesgefahr angerufen wurde. Viele Leute auf dem Richtplatz »gafften« Jesus jedoch an – je näher er seinem Tod kam, desto mehr verspotteten sie ihn.

Die Wirklichkeit des Kreuzes bedeutete für Jesus die totale Distanzierung von den Menschen – aber auch eine Entfernung von Gott. Die Dunkelheit, die drei Stunden über das Land fiel, hatte auch die Seele Jesu eingehüllt. In dieser Finsternis schien die Einheit zwischen dem Vater und dem Sohn zu zerbrechen. Kann es denn möglich sein, dass der Vater seinen Sohn Jesus Christus nicht nur den Händen der Menschen preisgab, sondern ihn in diesen Stunden der Finsternis aus seiner eigenen Liebe entließ?

In der Agonie am Kreuz pochte Jesus noch einmal an die Tür Gottes. Er rief und schrie nach Gott, seinem Vater, aus der Angst, von ihm verlassen zu sein. Von dieser leidvollsten Erfahrung des menschlichen Daseins – wenn Gott entschwindet, bleibt nur das reine Nichts – wurde Jesus bis ins Tiefste erschüttert. Gott, von dem Jesus Hilfe und Heil erwartete, blieb für ihn verborgen und fern. Dass Gott nicht antwortete – darin lag die eigentliche und zutiefst schmerzhafte Bitterkeit des Verlassenseins. Nicht nur der Leib Jesu war durch Schmerzen entstellt und von Dämonen und Feinden umringt, sondern auch seine Seele. In dieser Not, die Jesus wie eine eigenständige Macht umgab, trat er hinein in das Urleiden einer vermeintlichen Gottverlassenheit. In dieser Stunde wurde Jesus eins mit der gesamten Fülle des Leidens, die es gab, die es gibt und die es je geben wird. Der Weg des vom Himmel kommenden Menschensohnes führte hinab in das allertiefste Elend.

Die Wiederholung des Aufschreis »Mein Gott, mein Gott« war ein Zeichen für die Tiefe des Leidens, aus der Jesus in seiner Gottverlassenheit zu Gott rief. Das schwere, unfassbare und unergründliche Leid der Gottesferne zeigte sich dann nochmals und verstärkt in der Frage: »Warum hast du mich verlassen?« In diesem Schrei Jesu erreichte der Schmerz der Welt für immer seinen Höhepunkt. Mit seinem Schmerzensruf der Verzweiflung stieg Jesus in eine Tiefe hinab, die jenseits der Tiefe jeglichen menschlichen Leidens lag und liegt.

Ob wir es wollen oder nicht: Wir müssen dieses Wort des gekreuzigten und sterbenden Jesus in der Härte seiner Aussage annehmen und aushalten.

Der Aufschrei »Mein Gott, mein Gott, warum hast du mich verlassen?« ist der Anfangsvers des 22. Psalms. Ob Jesus dieses Gebet eines Menschen im äußersten Leid weitergebetet hat, wissen wir nicht. Das Gebet in Psalm 22 ist ein Hinweis auf Jesus, der das gesamte Leid der Welt auf sich genommen hat – auch das Leid, das Menschen noch in der Zukunft begegnen wird.

Mein Gott, mein Gott, warum hast du mich verlassen,
bist fern meinem Schreien, den Worten meiner Klage?
Mein Gott, ich rufe bei Tag, doch du gibst keine Antwort;
ich rufe bei Nacht und finde doch keine Ruhe.
Ich aber bin ein Wurm und kein Mensch,
der Leute Spott, vom Volk verachtet.
Alle, die mich sehen, verlachen mich,
verziehen die Lippen, schütteln den Kopf:
»Er wälze die Last auf den Herrn, der soll ihn befreien!
Der reiße ihn heraus, wenn er an ihm Gefallen hat.«
Meine Kehle ist trocken wie eine Scherbe,
die Zunge klebt mir am Gaumen,
du legst mich in den Staub des Todes.
Viele Hunde umlagern mich,
eine Rotte von Bösen umkreist mich.
Sie durchbohren mir Hände und Füße.

Sie verteilen unter sich meine Kleider
und werfen das Los um mein Gewand.
(Psalm 22,2–3.7–9.16–17.19)

Der Weg des Leidenden im Psalm 22 schlägt auf dem Höhepunkt der Gottverlassenheit und damit des tiefsten seelischen Schmerzes in Gotteserfahrung um. Der zweite Teil des Psalms drückt aus, der Betende habe in seinem Inneren das »Fürchte dich nicht« wahrgenommen und die feste Zusage, Gott werde seinen Sohn nicht verlassen, sondern mit ihm sein. An die Stelle äußerster Not und Verzweiflung ist der Lobpreis getreten. Das Psalmwort endet im Dank und Lob an Gott.

Denn er hat nicht verachtet,
nicht verabscheut das Elend des Armen.
Er verbirgt sein Gesicht nicht vor ihm;
er hat auf sein Schreien gehört.
Aufleben soll euer Herz für immer.
Gottes Heilstat verkündet man dem kommenden Volk;
denn er hat das Werk getan.
(Psalm 22,25.27.32)

Herr Jesus Christus, von der Erde verlassen
und noch nicht vom Himmel aufgenommen,
hast du alle Einsamkeit und Hoffnungslosigkeit
des Lebens durchlitten.
Du bist in die Hölle der Einsamkeit hinabgestiegen.
Hilf mir, die »Abwesenheit Gottes« zu ertragen.
Hilf mir, dass ich niemals aufhöre,
zu Gott zu beten und nach ihm zu rufen.
Du kennst die Not der Menschen und hast darum gesagt:
»Wenn ich von der Erde erhöht bin,
werde ich alle an mich ziehen.«

Fünftes Wort:
Mich dürstet.
Als Jesus sein Werk in dieser Welt nahezu vollendet sah, sprach er die Worte »Mich dürstet«.

> *Danach, als Jesus wusste, dass nun alles vollbracht war, sagte er, damit sich die Schrift erfüllte: Mich dürstet. Ein Gefäß mit Essig stand da. Sie steckten einen Schwamm mit Essig auf einen Ysopzweig und hielten ihn an seinen Mund* (Johannes 19,28–29).

Dieser Ausruf des sterbenden Jesus am Kreuz weist noch einmal auf alle entsetzlichen körperlichen Qualen hin, die er bis zu seinem Ende auszuhalten hatte. »Mich dürstet« hat jedoch noch eine tiefere Bedeutung. Der Lebens- wie auch der Leidensweg Jesu waren im göttlichen Plan, der Vergangenes, Gegenwärtiges und Zukünftiges umfasst, genau festgelegt. Die Worte im Alten Testament, die sich auf den erwarteten Messias beziehen, sollten ihre volle und letzte Erfüllung finden.

> *Sie gaben mir Gift zu essen,*
> *für den Durst reichten sie mir Essig.*
> (Psalm 69,22)

In der Betrachtung dürfen wir jedoch noch einen Schritt weitergehen. Jesus sagte zu seinen Jüngern, die ihm etwas zu essen geben wollten:

> *Meine Speise ist es, den Willen dessen zu tun, der mich gesandt hat, und sein Werk zu Ende zu führen* (Johannes 4,34).

Und später bei der Gefangennahme antwortete er Petrus:

> *Soll ich den Kelch, den mir der Vater gegeben hat, nicht trinken?* (Johannes 18,11b).

Hunger und Durst werden hier zum Bild für den Auftrag und das Verlangen Jesu, den Willen des Vaters bis zum Letzten zu erfüllen. Jesus wollte und musste den Leidens- und Todeskelch bis zum letzten Tropfen trinken. Er konnte es daher nicht vermeiden, auch diesen sauren Trank, der ihm am Kreuz gereicht wurde, anzunehmen. Der sogenannte Essig war der saure Wein, ein minderwertiges Volksgetränk, das die Soldaten mit sich führten.

Dass sie gerade einen Ysopzweig benutzten, auf den sie den getränkten Schwamm steckten, hat ebenfalls tiefere Bedeutung. Der Ysop erinnert an alte kultische Gebräuche. Dieser buschigen Pflanze, die auch feste und längere verholzte Stängel besitzt, wurde schon von alters her eine reinigende Kraft zugeschrieben. Ein solcher verbreiteter Reinigungsritus fand dann auch Aufnahme im Alten Testament.

> *Dann nehmt einen Ysopzweig, taucht ihn in die Schüssel mit Blut und streicht etwas von dem Blut in der Schüssel auf den Türsturz und auf die beiden Türpfosten!* (Exodus 12,22).

Alle Sehnsucht dieser Welt ist in dem Wort »Mich dürstet« enthalten. Und alle Enttäuschung und Schwere dieser Welt spiegelt sich symbolisch in dem sauren Wein wider.

Herr, meine Sehnsucht ist größer als jede Erfüllung,
die die Erde geben kann.
Ich hungere und dürste nach einem Wort von dir.
Du bist es, der meinen Hunger und Durst stillen kann.
Du bist die Quelle, aus der das Wasser ewigen Lebens strömt.
Du wirst all meine Sehnsucht erfüllen
und einmal alles Schwere, das ich zu tragen habe,
von mir nehmen.

Sechstes Wort:
Es ist vollbracht.
Johannes drückt in seinem Evangelium das verborgene Geheimnis des Todes Jesu aus: Jesus ist trotz des großen Leidens und der Schmach durch die Menschen der in Gottes Plan »hoheitsvoll Erhöhte«. Der Sohn Gottes ging durch das Tor des Todes zum Vater, nachdem er sein irdisches Werk vollbracht hatte. Diese Auffassung steht im Gegensatz zu der »Gottverlassenheit«, wie sie die drei anderen Evangelisten schildern.

> *Als Jesus von dem Essig genommen hatte, sprach er: Es ist vollbracht! Und er neigte das Haupt und gab seinen Geist auf* (Johannes 19,30).

Das innere Wissen und Vorherwissen Jesu, der die Seinigen bis zum Letzten geliebt hat, lässt ihn dieses Wort sagen. Jesus wusste, dass in dieser Stunde alles »vollendet« oder »vollbracht« war. Er wusste um seinen Weg und um seine Aufgabe, die er zu erfüllen hatte.

> *Und er [der Vater], der mich gesandt hat, ist bei mir; er hat mich nicht allein gelassen, weil ich immer das tue, was ihm gefällt* (Johannes 8,29).

Selbst sein Sterben hat Jesus widerstandslos angenommen. Er verstand dieses unabwendbare Schicksal als Selbsthingabe an den Vater.

> *Die Stunde kommt und sie ist schon da, in der ihr versprengt werdet, jeder in sein Haus, und mich werdet ihr allein lassen. Aber ich bin nicht allein, denn der Vater ist bei mir* (Johannes 16,32).

Nach der Vollendung seines Auftrags in dieser Welt ging Jesus in großem Frieden zu seinem Vater hinüber. Vollendet war die Liebe Jesu zu den Seinen, vollendet war auch die Hingabe seines irdischen Lebens.

> *Deshalb liebt mich der Vater, weil ich mein Leben hingebe, um es wieder zu nehmen* (Johannes 10,17).

Das Scheitern Jesu in der äußeren Welt ist zur Vollendung geworden – die tiefste Erniedrigung zur höchsten Erhöhung.

> *Ich habe dich auf der Erde verherrlicht und das Werk zu Ende geführt, das du mir aufgetragen hast. Vater, verherrliche du mich jetzt bei dir mit der Herrlichkeit, die ich bei dir hatte, bevor die Welt war* (Johannes 17,4–5).

Nachdem Jesus sein Haupt geneigt und seinen Geist aufgegeben hatte, kehrte er in die himmlische Lichtwelt zurück, von der er ausgegangen war.

Herr Jesus Christus,
der Trost, der aus deinen Worten spricht –
selbst noch im Sterben –,
offenbart mir etwas vom Geheimnis meines eigenen Todes.
Ich weiß: Im Augenblick des Todes ist das Leben geboren.
Diesen Weg zum Leben
hast du mir durch dein Leiden und deinen Tod geöffnet.
Du, Herr, hast das vom Vater aufgetragene Werk vollendet.
Hilf mir, dass auch ich meine Aufgaben in dieser Welt
mutig angehe und sie vollende.
Stehe mir bei, wenn mich die Finsternis des Todes überfällt,
und führe mich aus dieser Dunkelheit
in dein wunderbares Licht.

Siebtes Wort:
Vater, in deine Hände lege ich meinen Geist.
Jesu Leben, Leiden und Sterben war die Erfüllung eines sich langsam vollendenden Gebetes. Jesus war erfüllt von der Gewissheit, dass bei Gott, seinem Vater, das Leben auf ihn wartete.

> *Die Sonne verdunkelte sich. Der Vorhang im Tempel riss mitten entzwei, und Jesus rief laut: Vater, in deine Hände lege ich meinen Geist. Nach diesen Worten hauchte er den Geist aus* (Lukas 23,45–46).

Mit diesem letzten Wort, das Jesus im Lukasevangelium spricht, wendet er sich voll Vertrauen und Hingabe an seinen Vater. Zwischen diesem Wort Jesu und dem ersten Wort seiner Selbst- und Gottesoffenbarung besteht eine enge Beziehung. Er stellt beide Male Gott, seinen Vater, in den Mittelpunkt sowohl seines Lebens als auch seines Sterbens. Der zwölfjährige Jesus sagte zu seinen Eltern:

> *Warum habt ihr mich gesucht? Wusstet ihr nicht, dass ich in dem sein muss, was meinem Vater gehört?* (Lukas 2,49).

Das Gebet »Vater, in deine Hände lege ich meinen Geist« ist der sechste Vers von Psalm 31. Dieser Psalm drückt das Vertrauen eines tödlich Bedrohten aus. Die Juden wie auch die spätere christliche Kirche sprachen und sprechen diese Worte als Abendgebet. Der Schlaf gilt frommen Juden als Vorstufe des Sterbens. Die volle Geborgenheit in Gott kommt in diesem Gebet zum Ausdruck. Wahrscheinlich hat Jesus dieses Abendgebet seit seiner Kindheit gesprochen. Am Kreuz sprach er es mit lauter Stimme: Das, was er bereits als Kind betete, wurde zu seinem Sterbegebet. Jesus wusste im Vorhinein, was ihn erwartete. Im Gehorsam und im Vertrauen bejahte er das Ende seines irdischen Auftrags.

Jesus versammelte die Zwölf um sich und sagte zu ihnen: Wir gehen jetzt nach Jerusalem hinauf; dort wird sich alles erfüllen, was bei den Propheten über den Menschensohn steht: Er wird den Heiden ausgeliefert, wird verspottet, misshandelt und angespuckt werden, und man wird ihn geißeln und töten. Aber am dritten Tag wird er auferstehen. Doch die Zwölf verstanden das alles nicht; der Sinn der Worte war ihnen verschlossen und sie begriffen nicht, was er sagte (Lukas 18,31–34).

Sterbend am Kreuz gab Jesus sein Leben mit großem Vertrauen in die Hände Gottes zurück. Er lieferte damit seinen Geist, der Träger des Lebens ist, seinem Vater vollkommen aus. Dies geschah im Wissen und aus der Erfahrung, dass in Gottes Händen und in seiner Vatergüte die Seele geborgen ist. Leiden und Sterben des Messias wurden zur unerlässlichen Voraussetzung für seine Auferstehung in der Herrlichkeit Gottes.

Musste nicht der Messias all das erleiden, um so in seine Herrlichkeit zu gelangen? (Lukas 24,26).

Das Gebetswort »Vater, in deine Hände lege ich meinen Geist« kannst du – wer du auch bist und wo du auch stehst – mitten in deinem aktiven Leben einüben. Diese Erfahrung der Hingabe hat Jesus seit seiner Kindheit gemacht. Lukas zeigt, wie Jesus sein Sterben und seinen Tod im Vertrauen auf die Liebe des Vaters bewältigte. Er zeigt damit auch uns, wie wir unseren eigenen Tod gläubig bewältigen können. Der Tod als unabwendbare Wirklichkeit eines jeden Lebens muss nicht nur erlitten, sondern auch letztlich bejahend vollbracht werden. Es ist eine Arbeit, die mit, durch und in Jesus Christus getan werden muss.

Herr Jesus Christus,
du hast dich ganz dem Vater anvertraut.
Immer wieder hast du in deinem Leben
deinen Geist in seine Hände gelegt –
bis du durch den Tod
in seine Herrlichkeit aufgenommen wurdest.
Zeige auch mir den Weg der Hingabe,
damit ich dir ähnlich werde
und der Wille des Vaters an mir geschehe.
Führe mich nicht in Versuchung,
sondern erlöse mich von dem Bösen.
Denn dein ist das Reich und die Kraft und die Herrlichkeit.
Amen.

XII. Kapitel

Die Seitenwunde Jesu

Der bevorstehende Sabbat war ein großer Feiertag, denn es wurde gleichzeitig an diesem Tag das Paschafest begangen. Die Juden befürchteten, dass die Hingerichteten noch an diesem heiligen Feiertag am Kreuz hängen und dahinsiechen würden. Nach dem Gesetz des Mose mussten die Leichen der Hingerichteten vor Einbruch der Nacht abgenommen und begraben werden, damit sie nicht das Land verunreinigten. Daher traten die Juden mit der Bitte an Pilatus heran, den Gekreuzigten die Beine zerschlagen und dann die Leichen abnehmen zu dürfen. Das Zerbrechen der Beinknochen beschleunigte den Tod, falls er noch nicht eingetreten war. Die Soldaten führten den Befehl des Pilatus zunächst an den beiden Mitgekreuzigten aus. Das Zerbrechen der Beine war eine grausame Praxis, die den Tod auf der Stelle herbeiführte. Jesus wurde davor bewahrt, denn als die Soldaten zu ihm kamen, stellten sie fest, dass er bereits gestorben war.

> *Und ihr sollt keinen Knochen des Paschalammes zerbrechen* (Exodus 12,46). *Der Herr behütet all seine Glieder, nicht eines von ihnen wird zerbrochen* (Psalm 34,21).

Jesus Christus ist zum neuen und wahren Paschalamm geworden, das für die Christen den alten Brauch ablöst. Damit

B
I.N.R.I.
A
C

ist auch der Alte Bund erfüllt, und der Neue Bund tritt in Kraft.

Um ganz sicherzugehen, dass Jesus nicht doch mit einem Funken Leben vom Kreuz abgenommen würde, stieß ihm einer der Soldaten – statt ihm die Beine zu zerbrechen – mit einer Lanze in die Seite. Und sogleich flossen aus der Herzwunde Blut und Wasser. Die Öffnung der Seite Jesu galt als Beweis seines sicheren Todes.

> *Und sie werden auf den blicken, den sie durchbohrt haben. Sie werden um ihn klagen, wie man um den einzigen Sohn klagt; sie werden bitter um ihn weinen, wie man um den Erstgeborenen weint* (Sacharja 12,10b).

Für den Evangelisten Johannes ist Jesus dieser »Durchbohrte« und gleichzeitig der »Erhöhte«, auf den jetzt alle zu ihrem Heil blicken werden. Der johanneische Zeugenbericht ist also nicht nur an äußeren Tatsachen orientiert, sondern er schließt auch ein Geheimnis auf, das letztlich nur durch den Glauben zugänglich ist. Der bloße historische Tatbestand wird also zu einem Offenbarungsereignis und damit zum Ziel der Sendung Jesu.

> *Und wie Mose die Schlange in der Wüste erhöht hat, so muss der Menschensohn erhöht werden, damit jeder, der glaubt, in ihm das ewige Leben hat. Denn Gott hat die Welt so sehr geliebt, dass er seinen einzigen Sohn hingab, damit jeder, der an ihn glaubt, nicht zugrunde geht, sondern das ewige Leben hat* (Johannes 3,14–16).

Jesus Christus ist der »Erhöhte«. Als Auferstandener trägt er noch die Wundmale an seinem verklärten Körper. Sie sind Kennzeichen seines Menschseins, seines Leidens und Sterbens. Die fünf Wunden an den Händen, den Füßen und an der Seite Christi werden sich erst dann schließen, wenn die gesamte Schöpfung und damit auch der letzte, der Gott fernstehendste Mensch, erlöst sein wird.

Jesus sagte zu ihnen: Friede sei mit euch! Nach diesen Worten zeigte er ihnen seine Hände und seine Seite. Thomas entgegnete ihnen: Wenn ich nicht die Male der Nägel an seinen Händen sehe und wenn ich meinen Finger nicht in die Male der Nägel und meine Hand nicht in seine Seite lege, glaube ich nicht (Johannes 20,19b–20a.25).

Die Kirchenväter verstanden den Lanzenstich als Symbolhandlung. Der Evangelist Johannes sagt nicht, dass der Soldat die Seite Jesu durchbohrte oder verwundete. Johannes gebraucht die Formulierung »er öffnete sie«, damit dort die Tür des Lebens aufgetan würde. Von hier strömen die Sakramente der Kirche aus, ohne die man in das wahre Leben nicht eingeht. Das Blut ist Zeichen des erlösenden Todes Jesu. Er hat es zur Vergebung der Sünden vergossen. Das Wasser symbolisiert Geist und Leben.

Dieser ist es, der durch Wasser und Blut gekommen ist: Jesus Christus. Er ist nicht nur im Wasser gekommen, sondern im Wasser und im Blut. Und der Geist ist es, der Zeugnis ablegt; denn der Geist ist die Wahrheit. Drei sind es, die Zeugnis ablegen: der Geist, das Wasser und das Blut; und diese drei sind eins (1. Johannesbrief 5,6–8).

Wie am Ursprung der Menschheit die Mutter allen menschlichen Lebens, Eva, aus der geöffneten Seite des schlafenden Adam hervorging, so strömen aus der Herzwunde, der geöffneten Seite Jesu Christi, die Sakramente der Taufe und der Eucharistie.

Bevor du in deiner Betrachtung das Kreuz und den Tod Jesu verlässt, um mit ihm in die Auferstehung zu gehen, vergegenwärtige dir noch einmal kurz den zeitlichen Ablauf der Passion. Das Kreuzesgeschehen steht klar im Raum der Geschichte. Der Ort und die Zeit sind festgelegt und für alle nachweisbar.

- In der Frühe, gegen sechs Uhr, wird Jesus an Pilatus ausgeliefert (vgl. Markus 15,1).
- Um die dritte Stunde, gegen neun Uhr, wird Jesus gekreuzigt (vgl. Markus 15,25).
- Von der sechsten bis zur neunten Stunde, also zwischen zwölf und fünfzehn Uhr, tritt die große Finsternis ein (vgl. Markus 15,33).
- In der neunten Stunde, gegen fünfzehn Uhr, stirbt Jesus (vgl. Markus 15,34.37).
- Gegen Abend, noch am Rüsttag, dem Tag vor dem Sabbat und dem Paschafest, wird Jesus begraben (vgl. Markus 15,46).
- Der Sabbat, der Samstag nach dem Tod Jesu, wird bei Markus 16,1 erwähnt: *Als der Sabbat vorüber war …*
- Der Gang der Frauen zum Grab geschieht in der Frühe des ersten Wochentages, des Sonntags (vgl. Markus 16,2).

Du hast noch einmal das Leiden und den Tod Jesu in zeitlicher Abfolge betrachtet. Stelle dir nun einige Fragen und lasse dir viel Zeit für die Beantwortung jeder einzelnen Frage:

- Wie hättest du dich verhalten, wenn du als Anhänger oder Anhängerin Jesu damals seinen Leidensweg mit angesehen hättest?
- Hättest du den Mut gehabt, dich offen unter das Kreuz zu stellen und dich zu ihm zu bekennen?
- Was bedeutet das Kreuz für dich?

- Was empfindest du beim Lesen dieses Satzes: »Wir verehren nicht das Kreuz, sondern den Gekreuzigten und Auferstandenen«?
- Kannst du die Auffassung bejahen, dass wir damit aufhören sollten, das Leiden heiligzusprechen?
- Wie stehst du zu der Aussage: »Das Kreuz sucht man nicht; es wird auferlegt«?
- Kannst du im Tragen deines eigenen Kreuzes den Blick zum Vater heben?
- Worin besteht bei dir die Versuchung eines Weggehens von ihm?
- Gelingt es dir, auf den Gekreuzigten und Auferstandenen zu schauen und daraus Kraft zu schöpfen, wenn du in dieser Welt einen Ausweg sehen und mitten in der Dunkelheit Licht wahrnehmen willst?
- Wie weit bist du in der Lage, etwas zu ertragen und mitzutragen?
- Stelle dir die Frage, ob und wie man nach den Karfreitagen in der Menschheitsgeschichte das Kreuz für alle Zeit vermeiden kann.
- Wenn du bedenkst, dass Menschen, die wir wirklich lieb haben, in unserer Vorstellung und in unseren Herzen nicht sterben können: Kann da nicht jeder Karfreitag zu einem neuen Anfang werden?

XIII. Kapitel

Die Abnahme vom Kreuz und das Begräbnis Jesu

Die Abnahme Jesu vom Kreuz und seine Grablegung war der Übergang von aller Schmach zur Herrlichkeit. Wer nach römischem Recht hingerichtet wurde, verlor damit auch das Recht auf die Totenehrung. Der Tote wurde in der Regel in einem Massengrab beigesetzt. Wer die Leiche eines Hingerichteten eigenmächtig entfernte, musste mit einer hohen Bestrafung rechnen. Der römische Statthalter Pilatus war für die Freigabe des toten Jesus zur Bestattung zuständig.

Da mit dem Sonnenuntergang bereits der nächste Tag begann – also der Sabbat und das Paschafest –, war Eile geboten. Die Hingerichteten mussten nach dem Gesetz noch am Tag ihrer Hinrichtung verbrannt oder beerdigt werden. Vor dem Aufleuchten des ersten Sterns musste das Begräbnis stattgefunden haben.

Josef, ein vornehmer Ratsherr und Mitglied des Hohen Rates, hatte schon länger seinen Wohnsitz in Jerusalem. Da er aus Arimathäa, einer Stadt im Norden Judäas, kam, wurde er »Josef von Arimathäa« genannt. Als heimlicher Anhänger und Jünger Jesu hatte er sich an den Beratungen des Hohen Rates zur Auslieferung und Verurteilung Jesu nicht beteiligt. Obwohl er den Tod Jesu auf tiefste und schmerzlichste Weise miterlebt hatte, war er nicht in der Lage einzuschreiten.

Doch jetzt führte der Tod Jesu bei ihm zum Durchbruch einer entschiedenen Glaubenshaltung. Josef von Arimathäa überwand seine Schwäche, zeigte Mut und wagte es, zu Pilatus zu gehen, der wegen seiner Härte bekannt war. Er bat den Statthalter um den Leichnam Jesu, um ihn vom Kreuz abnehmen und ihn noch vor dem Aufleuchten des ersten Sterns bestatten zu dürfen. Pilatus ließ sich zunächst den Tod Jesu durch einen Hauptmann bestätigen. Da Pilatus im Geheimen von der Unschuld Jesu überzeugt war und Josef von Arimathäa beim Statthalter seinen Einfluss geltend machte, gelang es ihm, den Leichnam Jesu freizubekommen.

Bei den Juden herrschte eine hohe Wertschätzung der Totenbestattung. Sie erfolgte privat – ohne irgendeinen Kult. Die Gräber wurden in Grundstücken angelegt, die man außerhalb der Wohnorte dafür erwarb. Sehr gern benutzte man Felsen- oder Höhlengräber, die mehrfach belegt werden konnten. Der Verstorbene wurde in eine ausgehauene Felsnische gelegt. Nach einigen Jahren nahm man die Gebeine heraus und legte sie in einen kleinen Steinsarkophag, sodass das Grab neu belegt werden konnte. Ein großer Stein wurde vor den Eingang der Gruft gewälzt, damit das Grab vor Tieren und Räubern gesichert war. Meist benutzte man einen sogenannten Rollstein. Er lief auf einer zum Grabeingang gesenkten Rille und konnte deshalb nicht leicht fortbewegt werden.

Ein solches Felsengrab hatte sich Josef von Arimathäa in einem Garten in der Nähe von Golgota errichten lassen. Es war ein neues Grab – niemand war vorher hier beigesetzt worden. In dieses Familiengrab wollte er den Leichnam Jesu legen. Josef von Arimathäa wusste, dass diese Handlung ihn verunreinigen und ihn vom Paschafest ausschließen würde. Er durfte somit auch nicht mehr am Verzehr des Paschalammes teilnehmen. Sein Entschluss, Jesus vom Kreuz zu nehmen und ihn seiner Würde und Heiligkeit entsprechend zu bestatten, offenbarte die Größe der Liebe zu Jesus und die Größe seines Glaubens an ihn. Für Josef von Arimathäa war der gekreuzigte Jesus wichtiger als das Paschalamm des Alten Bundes.

> *Schafft den alten Sauerteig weg, damit ihr neuer Teig seid. Ihr seid ja schon ungesäuertes Brot; denn als unser Paschalamm ist Christus geopfert worden* (1. Korintherbrief 5,7).

Der Ausklang der Passion Jesu geschah nun in Frieden und großer Ruhe. Behutsam nahm Josef von Arimathäa Jesus vom Kreuz. Da es als große Schmach empfunden wurde, einen Toten unbekleidet zu bestatten, hatte er vorher ein reines Leinentuch erworben. Es kam auch Nikodemus, ein führender Mann unter den Juden, der Jesus bei Nacht aufgesucht hatte, um mit ihm ein geistliches Gespräch zu führen. Nikodemus, der sonst Jesus ebenfalls nur im Geheimen anhing, trat jetzt mutig hervor. Er hatte eine Menge wohlriechender Gewürze mitgebracht, um den toten Körper vor Leichengeruch zu bewahren. Damit wollte er Jesus einen letzten Liebesdienst erweisen, denn auch bei Nikodemus hatte der Tod Jesu zum Durchbruch einer entschiedenen Glaubenshaltung geführt.

Das duftende Gewürz war eine Mischung von Myrrhe, einem wohlriechenden Harz, und Aloe, einer duftenden Holzart. Die Mischung dieser beiden pulverisierten Duftstoffe streuten die Männer auf das Leinentuch, mit dem sie dann den Leichnam Jesu umwickelten. Es war nach jüdischer Anschauung eine große Ehre, die man einem Toten erwies. Bei den Juden war eine Einbalsamierung von Verstorbenen wie in Ägypten nicht üblich. Durch diese liebevolle Behandlung des Leichnams Jesu wurde ihm eine außergewöhnliche Verehrung zuteil.

Josef von Arimathäa und Nikodemus trugen Jesus noch in der letzten Stunde des Tages vor dem Sabbat und Paschafest zu Grabe – noch bevor der erste Stern am Himmel zu leuchten begann. Als Erster der Entschlafenen wurde Jesus in das neue Grab gebettet. Indem Josef von Arimathäa Jesus in seinem eigenen Familiengrab beisetzte, nahm er ihn als seinen Bruder auf. Das Grab Josefs, das nun zum Grab Jesu geworden war, liegt zwischen Golgota und Ostern, zwischen Geschichte, Zeit und Ewigkeit. Einige Frauen, die sich in der Nähe des Grabes niedergelassen hatten, um das Begräbnis zu beobachten, wurden zu Zeugen des Geschehens.

Hier endet das Leben, das Leiden und der Tod Jesu, und es beginnt die Heilsgeschichte Christi.

XIV. Kapitel

Der Gang Jesu zu den Toten

Die Heilsgeschichte Christi beginnt mit einer großen Stille, denn die Evangelien schweigen für die Zeit zwischen der Grablegung und der Auferstehung. Über den Karsamstag erfahren wir nichts.

Im neunten Jahrhundert nahm die römische Kirche den Satz »Hinabgestiegen in das Reich des Todes« in ihr Glaubensbekenntnis auf. Jesus ist am Kreuz gestorben und begraben worden. Wie er auf Erden solidarisch war mit den Lebenden, so ist er in und nach seinem Tod solidarisch mit den Toten. Die Abnahme vom Kreuz und das Begräbnis sind schlichte Zeugnisse für diese Solidarität. Ein »Sein« Jesu mit den Toten entspricht diesem Zustand. Das Sein Jesu mit den Unerlöst-Toten in der Unterwelt währte so lange, wie sein Leib im Grab ruhte. Die Unerlöst-Toten entbehren der Anschauung Gottes, und unter ihnen selbst gibt es kein Leben.

> *Denn wie Jona drei Tage und drei Nächte im Bauch des Fisches war, so wird auch der Menschensohn drei Tage und drei Nächte im Innern der Erde sein* (Matthäus 12,40).

Einen solchen Tod, wie er den Unerlösten auferlegt ist, nahm Jesus auf sich. Er machte die unmittelbare Erfahrung dieser vollkommensten Strafe, die ein Ergebnis des Sichentfernens

von Gott ist. Da nun der Tod Jesu ein vollkommener war, erfuhr er den untersten Grund der Unterwelt, wo nicht die Anschauung Gottes, sondern die Anschauung des Todes herrscht. Das Leiden der Seele Christi, das Größte, das sich denken lässt, war wie das Leiden derjenigen, die sich durch Missbrauch ihrer Freiheit ins tiefste Unten der Unterwelt gebracht haben – dahin, wo es kein weiteres Entferntsein von Gott mehr gibt. Nach seinem Tod durchlitt die Seele Christi die gesamte Dimension des Rein-Gegengöttlichen, was wir »Hölle« nennen.

Wenn Gott, der barmherzige Vater, alles – und damit auch die menschliche Freiheit – geschaffen hat, dann gehört auch die »Hölle« zu dem von ihm ursprünglich Geschaffenen.

Versuche während deiner Betrachtung, die »Hölle« nicht als Ort ewiger Verdammnis und als ewiges Horrorszenarium zu verstehen, sondern als die letzte Folge missbrauchter geschöpflicher Freiheit. Wie Jesus am Karsamstag in den Abgründen des Todes weilte, so vollbringt er auch immer wieder einen geistigen »Abstieg« in die Verlorenheiten der sündigen Herzen. Somit erschließt er allen den Weg zum Himmel.

Das Sein Jesu mit den Toten war die letzte Stufe seines vom Vater übernommenen Erlösungsauftrags. Das »Gehen« Jesu zu den Unerlöst-Toten war und ist Voraussetzung, wenn die Toten die Stimme des Sohnes Gottes hören und als Hörende leben sollen.

So ist er auch zu den Geistern gegangen, die im Gefängnis waren, und hat ihnen gepredigt (1. Petrusbrief 3,19).
Denn auch Toten ist das Evangelium dazu verkündet worden, dass sie wie Menschen gerichtet werden im Fleisch, aber wie Gott das Leben haben im Geist (1. Petrusbrief 4,6).

Alle Teile der Schöpfung – auch die tiefsten Tiefen der Unterwelt – hat der Herr und Erlöser berührt, damit jeder überall Christus finden kann.

Die Stunde kommt, und sie ist schon da, in der die Toten die Stimme des Sohnes Gottes hören werden; und alle, die sie hören, werden leben (Johannes 5,25).

Durch seinen Erlösungsauftrag und durch seine eigene unermesslich große Tiefe erreichte Jesus Christus alle Tiefen der Unterwelt. Erst als er das Unterste der Unterwelt erfuhr, konnte nach dem Willen des Vaters die Umkehr einsetzen. Der Sohn musste das Unvollendete und Chaotische in Augenschein nehmen und es in seiner Seele zutiefst schmerzhaft erfahren, um allen Unerlöst-Toten die Erlösung anzubieten. Das, was Gefängnis war, hat er in einen Aus-Weg verwandelt, der in die Freiheit führt.

Heute ist er als König in das Gefängnis gekommen, heute hat er die ehernen Pforten und eisernen Riegel durchbrochen, er, der wie ein gewöhnlicher Toter verschlungen wurde, hat die Hölle in Gott verwüstet (Proklos von Konstantinopel).

Bei seiner Auferstehung, die Jesus in den tiefsten Tiefen der Unterwelt vom Vater geschenkt wurde, erhielt er das Leben zurück. Gleichzeitig wurden ihm als Christus die Macht über die Unterwelt und die Schlüssel zu ihren Pforten übergeben.

Ich war tot, doch nun lebe ich in alle Ewigkeit, und ich habe die Schlüssel zum Tod und zur Unterwelt (Offenbarung 1,18).

Jesus erlitt den Kreuzestod und wurde begraben. Er solidarisierte sich nicht nur mit den Lebenden, sondern auch mit den Toten – insbesondere mit den Unerlöst-Toten. Nachdem

Jesus Christus nun in der Einheit mit dem Vater und dem Heiligen Geist ewig lebt, hat er den Tod für sich und für uns alle zur Vergänglichkeit entmachtet. Unser Totsein vor Gott beinhaltet somit immer einen mehr oder weniger langen Übergang in das ewige Leben.

Gott aber hat ihn von den Wehen des Todes befreit und auferweckt; denn es war unmöglich, dass er vom Tod festgehalten wurde. David nämlich sagt über ihn: Ich habe den Herrn beständig vor Augen.
Er steht mir zur Rechten, ich wanke nicht.
Darum freut sich mein Herz und frohlockt meine Zunge
und auch mein Leib wird in sicherer Hoffnung ruhen;
denn du gibst mich nicht der Unterwelt preis,
noch lässt du deinen Frommen die Verwesung schauen.
Du zeigst mir die Wege zum Leben,
du erfüllst mich mit Freude vor deinem Angesicht.
(Apostelgeschichte 2,24–28)

XV. Kapitel

Auferstehung Jesu Christi

Die gesamte Schöpfung hält den Atem an, bevor das Neue beginnt. Der Auferstandene erschien denen zuerst, die ihn glühend liebten.

Der Sabbat, der siebte Wochentag, endete mit dem Sonnenuntergang. Als die Frauen am nächsten Morgen unterwegs zum Grab Jesu waren, ging die Sonne auf. Die Morgenfrühe, die Zeit des Sonnenaufgangs, galt als Zeit der Hilfe Gottes. So sollten an diesem Ostermorgen die Rettungstaten Gottes in besonderer Weise offenbar werden. Die Frauen scheuten keine Mühe. Sie hatten sich früh auf den Weg gemacht, um den Toten mit kostbaren Salben einzubalsamieren. Doch ihr Bemühen und ihre Suche waren vergeblich, da Jesus nicht mehr bei den Toten zu finden war. Was das geöffnete und leere Grab mit dem weggerollten Stein wortlos sagte, das verkündete der Engel den Frauen.

Wie der Hauptmann unterhalb des Kreuzes bekannte, dass Jesus wahrhaft Gottes Sohn sei, so bestätigte jetzt der Engel von oben diese Wahrheit. Von ihm wurden die Frauen über ihr eigenes Suchen hinausgewiesen: »Was sucht ihr den Lebenden bei den Toten?« Der Engel am leeren Grab hatte den Frauen mit der Auferweckungsbotschaft ein überwältigendes Geheimnis anvertraut, das sie aus den Bahnen ihres bisherigen Denkens und Vorstellens gewaltsam herausriss.

E
D
B
C
F

»Der gekreuzigte und hier begrabene Jesus von Nazaret ist von Gott auferweckt worden und nicht im Grab zu finden. Es ist leer, denn Gott hat Jesus als Lebenden aus dem Grab befreit.«

Der Engel beauftragte die Frauen, die zu Zeugen der Nichtauffindbarkeit Jesu wurden, mit einer Botschaft an die Jünger. Sie, die zu Boten des göttlichen Boten wurden, waren zwar nicht Zeugen der Auferstehung, doch Zeugen der die Auferstehung Jesu begleitenden Umstände. Eine große Freude brach in ihnen auf, die sich nochmals steigerte, als sie später den Auferstandenen sahen. Keine Erscheinung des auferstandenen Herrn hätte sowohl die Frauen als auch die Jünger auf die Dauer vom Leben Christi überzeugen können, hätten sie nicht einen tiefen Eindruck seiner Person im Herzen besessen. Eine große Freude brach in ihnen auf, denn sie hatten das Endgültige und Bleibende gefunden – den ewigen Morgen eines Lichtes, das keinen Untergang mehr kennt.

Im Johannesevangelium repräsentiert Maria Magdalena die Frauen. Auch sie wurde Botschafterin des Glaubens. Maria Magdalena suchte Jesus zunächst in der Vergangenheit – bei den Toten. In ihrer großen Trauer um den Gekreuzigten und voll der Tränen war ihr Blick getrübt. In ihrem Suchen war sie so weit rückwärtsgewandt, dass sie nicht sah, wie der von den Toten auferweckte Jesus vor ihr stand.

»Halte mich nicht fest«, sagte Jesus zu Maria Magdalena. Jesus Christus ist nicht zu fassen, denn Neues hat sich ereignet. Bis heute ist es nicht zu fassen und zu begreifen. Der Wandel von der Trauer zur Freude, wie er in den Abschiedsreden Jesu zum Ausdruck kommt, spiegelt die Erfahrung der Maria Magdalena wider. Jesus rief sie von jenseits der Todesgrenze bei ihrem Namen. Der Osterglaube entsteht für alle Menschen in der Begegnung mit dem Auferstandenen – in Wort und Antwort der Liebe. Eine Botschaft jenseits des Grabes ist stets eine Botschaft der Liebe.

Ich bin die Auferstehung und das Leben. Wer an mich glaubt, wird leben, auch wenn er stirbt, und jeder, der lebt und an mich glaubt, wird auf ewig nicht sterben. Glaubst du das? (Johannes 11,25–26).

Maria Magdalena gehörte nicht zu den Aposteln und war doch die Erste, die diese Osterbotschaft verkündete: Die Liebe, die uns leben lässt, kann selbst niemals sterben. Maria Magdalena wie auch die anderen Frauen verkündeten am Ostermorgen die Auferstehung ins Leben. Um diese Botschaft wirklich zu erfassen und an sie glauben zu können, muss man der Wahrheit und dem Leben in der Betroffenheit seiner ganzen Existenz begegnet sein. Um zu glauben, muss man die Botschaft Jesu in seiner eigenen Lebensgeschichte erlebt und oft sogar durchlitten haben.

Die Himmel rühmen die Herrlichkeit Gottes,
vom Werk seiner Hände kündet das Firmament.
Ein Tag sagt es dem andern,
eine Nacht tut es der andern kund.
Die Worte meines Mundes mögen dir gefallen;
was ich im Herzen erwäge, stehe dir vor Augen,
Herr, mein Fels und mein Erlöser.
(Psalm 19,2–3.15)

Ostern steht für ein Leben, das durch den Tod hindurchgegangen ist. Daher ist der Karfreitag unumgänglich. Wir dürfen ihn niemals vergessen.

Bevor die Jünger die Osterbotschaft von den Frauen erfuhren, trauerten sie noch um den Toten, der doch lebt. Obwohl Jesus, als er noch in Galiläa weilte, seinen Tod am Kreuz und seine Auferstehung am dritten Tag vorausgesagt hatte, fehlte den Jüngern der Glaube an die Auferstehung.

Oft führt der Zweifel – wie im Fall des Thomas – erst zur intensiven Auseinandersetzung mit dem Glauben. Gerade der Zweifel führt letztlich näher an den Glauben heran und auch tiefer in ihn hinein. Die Jünger, die Jesus als Toten nach der Kreuzigung nicht mehr sahen, da sie geflohen waren, schauten ihn nun als Lebenden – denn sie waren innerlich zu ihm zurückgekehrt. Mögen auch Angst und Verschlossenheit noch so groß sein: Der Auferstandene hat die Fähigkeit, durch verschlossene Türen zu dringen. Er klopft immer wieder an unsere »verschlossene Welt«, um sie durch seine Wirksamkeit zu einer »offenen Welt« zu machen.

Die Jünger erkannten den Auferstandenen an seinen Wundmalen. Die Wunden sind tief eingegraben in die Existenz Jesu. Er, der Sohn Gottes, an dessen Tod und Auferstehung wir glauben, geht nicht an den Wunden der Welt vorbei. Er trägt sie selbst und hat gerade dadurch die Kraft zu heilen. Christus besitzt die göttliche Vollmacht zu heilen, was verwundet ist. Er bleibt der Welt zugewandt, indem er mit allen ist. Christus hat seine Jüngerinnen und Jünger – und damit auch uns – beauftragt, sich den Menschen in einem umfassenden Sinn zuzuwenden. Das ist der Osterglaube: Mitten im unbegreiflichen Leid dieser Welt wird uns Hoffnung gewährt, jegliches Leid und alle Karfreitage zu überwinden.

Jesus Christus steht immer und immer wieder in den Seelen der Menschen auf, die sich der Wahrheit und dem Leben gegenüber öffnen.

Warum waren die Emmausjünger – und warum bist vielleicht auch du – für die Osterbotschaft verschlossen? Für viele von uns ist – wie für die Emmausjünger – am Ostertag noch nicht Ostern geworden. Trauer und Zweifel haben die Oberhand. Das Verstehen ist begrenzt und das Herz, der Ort der religiösen Entscheidungen und der Offenbarung, ist verschlossen, stumpf und träge. Für das Wesentliche im Leben,

1571
P. BRVEGEL INVENTOR
P. GAL. FE.

das Tragende und Bleibende, muss das Herz des Menschen geöffnet werden.

Zwei der Jünger Jesu, die den Bericht der Frauen über das leere Grab und die Botschaft des Engels bewegt, aber doch mit lebhaftem Zweifel aufgenommen hatten, waren auf dem Weg nach Emmaus. Jesus gesellte sich zu ihnen, doch sahen sie den mitwandernden Auferstandenen vorerst nicht.

So blieb ich stumm und still;
ich schwieg, vom Glück verlassen,
doch mein Schmerz war aufgerührt.
Heiß wurde mir das Herz in der Brust,
bei meinem Grübeln entbrannte ein Feuer;
da musste ich reden.
(Psalm 39,3–4)

Den Jüngern wurde erst langsam bewusst, dass der Schlüssel der Heiligen Schrift der auferstandene Christus ist. Diese beiden ehrlich suchenden Männer erfuhren durch ihren auferstandenen Herrn selbst, dass ihnen die Frauen die Wahrheit verkündet hatten.

Beim Brechen des Brotes wurde es ihnen zur Gewissheit: Jesus lebt und der Wanderer ist der Auferstandene. Er ist der Wegbereiter – wenn zwei oder drei in seinem Namen unterwegs sind, ist er bei ihnen. Jesus Christus, der sich zu allen ehrlich Suchenden und allen, die auf dem Weg zu ihm sind, bekennt, feiert mit uns das Mahl der Liebe. Die Eucharistie ist das große Zeichen der Auferstehung des Herrn, das Zeichen, an dem wir erkennen, dass der Herr lebt und gegenwärtig ist.

Diese Erfahrung kannst du nur machen, wenn du dich auf den geistlichen Weg begibst. Viele in der Welt sehen zwar das Zeichen, doch glauben sie dem Wunder der Auferstehung nicht. Du darfst sicher sein: Wenn du dich auf den Weg zu

Jesus Christus begibst, wird er dir, wie er auch den Emmausjüngern erschien, seine geistige Gegenwart nicht verweigern. Letztlich ist Ostern unsagbar. Ob wir erst im Augenblick der Erfüllung erkennen, wie nah Christus uns ist?

Die Auferstehung Jesu ist damals wie heute nur im Glauben zugänglich. Da sie sich gänzlich unserem äußeren Blick entzieht, kann sie auch geschichtlich nicht erfasst werden. Mit der Auferweckung Jesu wird sein Hinübergehen in eine neue Existenzform ausgedrückt – eine Existenzform, die den Tod ein für alle Mal hinter sich gelassen hat. An diesem Punkt wird die Geschichte, die wir Menschen schreiben, überschritten. Das älteste Zeugnis von der Auferstehung Jesu Christi ist das von Paulus den Korinthern ins Gedächtnis gerufene Glaubensbekenntnis.

> *Christus ist für unsere Sünden gestorben, gemäß der Schrift, und ist begraben worden. Er ist am dritten Tag auferweckt worden, gemäß der Schrift, und erschien dem Kephas, dann den Zwölf. Ob nun ich verkündige oder die anderen: Das ist unsere Botschaft, und das ist der Glaube, den ihr angenommen habt* (1. Korintherbrief 15,3–5.11).

Ohne den Glauben an den Tod und die Auferstehung Jesu Christi gibt es keine christliche Kirche. Bereits in den ersten Gemeinden sind Kreuzestod und Begräbnis mit der Auferstehung und Erscheinung des Auferstandenen zu einer Bekenntniseinheit verbunden. So wird Ostern zur Mitte unseres Glaubens. Die Auferstehung Jesu ist keine bloße Überwindung des Todes – sie ist die Verwandlung des Todes selbst. Der Tod wird durch die Auferstehung Jesu zu einer Brücke in die Unendlichkeit. Was wären wir ohne die Erwartung der Ewigkeit? Das ist die Botschaft von Ostern: Über Jesus ist der Himmel offen. Er verbindet den Himmel mit der Erde und Gott mit den Menschen.

Es kommt auch in deinem Leben darauf an, richtig und wahr zu leben. Da Gott mit der Auferstehung Jesu, der den Tod besiegte, einen neuen Anfang gesetzt hat, wirst auch du deinen Schmerz besiegen und den Tod annehmen – im Wissen, dass die Dunkelheit niemals das letzte Wort behält, sondern überleitet zur Wiederkehr des Lichtes. Besonders in den Zeiten, in denen es dunkel um dich ist, weißt du, wer dich am Ende deines dunklen Weges erwartet. Wenn auch Christus, der Auferstandene, die Nacht nicht aufhebt, die du durchschreiten musst, so erleuchtet er sie doch.

Der Osterglaube behebt zwar nicht den Schmerz der Welt, wie wir es uns wünschen, doch ist es ein Glaube, der zu trösten weiß und eine berechtigte Hoffnung auf ein neues Leben schenkt. Es ist ein Glaube, der uns erfahrbar werden lässt, dass etwas in unserer Person für alle Zeiten unzerstörbar ist.

1512

XVI. Kapitel

Himmelfahrt Jesu

Jesus Christus trat als Auferstandener in die Mitte seiner Jünger und sprach den Friedensgruß. Doch sie erschraken und hatten Angst.

> *Was seid ihr so bestürzt? Warum lasst ihr in eurem Herzen solche Zweifel aufkommen?* (Lukas 24,38).

Nachdem sich Jesus durch die Wundmale zu erkennen gegeben hatte, öffnete er ihnen die Augen für das Verständnis der Schrift.

> *Der Messias wird leiden und am dritten Tag von den Toten auferstehen, und in seinem Namen wird man allen Völkern, angefangen in Jerusalem, verkünden, sie sollen umkehren, damit ihre Sünden vergeben werden* (Lukas 24,46–47).

Die Jünger staunten und konnten es vor lauter Freude kaum fassen, dass der Herr als Lebender unter ihnen weilte. Jesus versprach den Seinen, die Gabe des Heiligen Geistes, die der Vater verheißen hatte, auf alle herabzusenden.

Dann führte er sie hinaus in die Nähe von Betanien. Dort erhob er seine Hände und segnete sie. Und während er sie segnete, verließ er sie und wurde zum Himmel emporgehoben; sie aber fielen vor ihm nieder. Dann kehrten sie in großer Freude nach Jerusalem zurück (Lukas 24,50–52).

Eine Frau aus dem Jüngerkreis, die aus Angst vor den Juden und vor dem, was mit Jesus geschah, zu lange abseits gestanden hatte, bedauerte ihr Verhalten. Sie, deren Namen wir nicht kennen, da sie unbekannt bleiben wollte, drückte ihre Klage mit folgenden Worten aus:

Du bist hinweggegangen, mein Herr und mein Gott, und hast auf mich nicht Bedacht genommen. Beim Abschied hast du die Deinen gesegnet, und ich habe es nicht gesehen; die Engel haben versprochen, dass du zurückkehren werdest, und ich habe es nicht gehört! (nach Petrus von Alcántara).

Die Jünger aber, die den Abschied Jesu miterleben durften, waren weder enttäuscht noch fühlten sie sich ihres Herrn beraubt. Voll der Freude, reich beschenkt und beschützt, kehrten sie nach Jerusalem zurück. An die Stelle der sichtbaren Gegenwart Jesu trat nun in ihren Herzen seine unsichtbare Gegenwart. Das Bild des segnenden und in dieser Haltung scheidenden Herrn hatte sich den Jüngern unauslöschlich eingeprägt. Alle wussten sich mit dem Gesegneten weiter verbunden. Vor allem wurden die Apostel Ohrenzeugen der letzten Verheißung Jesu, so, wie sie auch Augenzeugen seines irdischen Wirkens bis zur Himmelfahrt waren. Jesus erfüllte die Bitte seiner Jünger, indem er ihnen versprach, sie und somit auch uns bis zur Vollendung der Welt nicht zu verlassen. Auf ähnliche Weise hatte sich im Alten Testament der Wunsch des Propheten Elischa erfüllt.

Elija sagte zu Elischa: Sprich eine Bitte aus, die ich dir erfüllen soll, bevor ich von dir weggenommen werde. Elischa antwortete: Möchten mir doch zwei Anteile deines Geistes zufallen. Elija entgegnete: Du hast etwas Schweres erbeten. Wenn du siehst, wie ich von dir weggenommen werde, wird es dir zuteilwerden (2. Buch der Könige 2,9–10).

Noch im Augenblick, als der Prophet Elija vor den Augen des Elischa entrückt wurde, empfing dieser seinen doppelten Geist. Um wie viel mehr dürfen wir uns über die Zusage Jesu freuen:

Ihr werdet die Kraft des Heiligen Geistes empfangen, der auf euch herabkommen wird; und ihr werdet meine Zeugen sein in Jerusalem und in ganz Judäa und Samarien und bis an die Grenzen der Erde (Apostelgeschichte 1,8).

Nach diesen Worten schied Jesus von den Seinen, die er segnete und sie so mit ihrem Auftrag unter Gottes Schutz stellte. Durch den Segen verband und verbindet sich Jesus Christus mit den Zurückgebliebenen, zu denen wir alle gehören. Sein Wunsch ist es, dass keine Macht der Welt uns mehr von ihm zu trennen vermag.

Ihr seid die Söhne der Propheten und des Bundes, den Gott mit euren Vätern geschlossen hat, als er zu Abraham sagte: Durch deinen Nachkommen sollen alle Geschlechter der Erde Segen erlangen. Für euch zuerst hat Gott seinen Knecht erweckt und gesandt, damit er euch segnet und jeden von seiner Bosheit abbringt (Apostelgeschichte 3,25–26).

Jesus kam als das »fleischgewordene Wort« vom Himmel herab. Er kehrte nun, während er die Seinen segnete, nach vollbrachtem Werk wieder zum Vater zurück. Die Christuszeit –

von der Taufe bis zur Himmelfahrt – war vollendet. Die Saat, die er ausgestreut hatte, war und ist im Aufgehen.

Mit dem Bericht der Himmelfahrt wollen die Evangelisten – vor allem Lukas in seinem Evangelium und in der Apostelgeschichte – den Übergang Jesu in die Welt Gottes anschaulich darstellen. Der Weggang des Auferstandenen »in den Himmel«, seine Erhöhung, wird durch das Bild einer Entrückung zum Ausdruck gebracht. Im biblisch-jüdischen Bereich wurde zwischen den Vorstellungen einer »Himmelsreise« und einer »Entrückung« unterschieden. Bei der »Himmelsreise« handelt es sich um die zeitliche Wanderung einer Seele; bei der »Entrückung« hingegen ist allein die Sicht der irdischen Zuschauer maßgebend.

Der Abschied Jesu aus dieser Welt bedeutet für uns nicht, dass er uns verlassen oder sich von der Erde abgesetzt hat. Jesus Christus ist immerwährend in geistiger Gestalt in der gesamten Schöpfung gegenwärtig. Er bürgt weiter für die Liebe und Treue Gottes zu seiner Schöpfung – zur Erde und den Menschen. Gerade in Jesus Christus erfahren wir eine Treue, die bis zum Letzten geht, denn er ist »hinabgestiegen in das Reich des Todes«. Auch bis dorthin erstreckt sich das Himmelreich, das nicht außerhalb von uns, sondern in uns zu suchen ist.

Der Himmel ist jedoch ebenso in der Erfüllung unserer Aufgaben zu finden, die uns in dieser Welt zukommen. Christus gibt uns nicht nur den Auftrag, das Reich Gottes in uns selbst zu suchen. Er bittet uns auch, in alle Welt hinauszugehen. So wie du von Gott gesegnet bist und dir eine Aufgabe zugewiesen wurde, so solltest du auf andere zugehen, um sie zu segnen. Lege ihnen die Hände auf und lass sie deine Nähe spüren. Wisse, dass in dem Segen, den du weitergibst, Heil liegt. Lass andere an deinem Gottvertrauen teilhaben und gewähre ihnen einen Schutzort der Geborgenheit. Schenke ihnen das Gefühl und die Sicherheit, in ihrem ganzen Dasein angenommen zu sein.

Sieh es als deine Aufgabe an, die Erde wieder mit dem Himmel zu verbinden. Wir blieben für immer Gefangene dieser Erde, hätten wir den Ausblick zum Himmel nicht. Jesus Christus ist vom Himmel in unser menschliches Dasein heruntergekommen. Er hat unserer Menschennatur in Gott Raum gegeben, sie neu in Gott verankert und beheimatet. Gerade uns und dieser Erde in ihrer Zerrissenheit und Dunkelheit gilt die Verheißung Gottes. Ohne den Himmel geraten die Erde, die menschliche Gemeinschaft und die gesamte Schöpfungsordnung aus dem Gleichgewicht.

Lass auch du dich – wie die Jünger und Jüngerinnen Jesu ab dem Tag seiner Himmelfahrt – vom Himmel und der Liebe tragen, damit du zum Hoffnungsträger in unserer Welt wirst.

Literatur

Aurelius Augustinus:
Vorträge über das Evangelium des Hl. Johannes. 3 Bände. Bibliothek der Kirchenväter. Kempten und München 1913 und 1914.

Cyrillonas:
Hymnus über die Fußwaschung. In: Bibliothek der Kirchenväter. Band 6: Ausgewählte Schriften der syrischen Dichter. Kempten und München 1913, 25–30.

Peter Dyckhoff:
Wie hat Jesus gebetet? Illertissen 2017.

Gunther Franz:
Der Egbert-Codex. Das Leben Jesu. Ein Höhepunkt der Buchmalerei vor 1000 Jahren. Darmstadt 2005.

Origenes:
Gegen Celsus. In: Bibliothek der Kirchenväter. Band 53, II. Teil, VII, 55. München 1927.

Petrus von Alcántara:
Das »Goldene Büchlein« des heiligen Petrus von Alkantara über die Betrachtung und das innerliche Gebet. Aus dem Spanischen übersetzt und herausgegeben von P. Philibert Seeböck O. F. M., Würzburg 1900.

Proklos von Konstantinopel:
Sermo 6, n. 1. In: Patrologia Graeca. Herausgegeben von J. P. Migne. Band 65, 721. Paris 1857–66.

Thomas von Aquin:
Johannes-Kommentar. In: Gesamtausgabe der Werke. Parma 1852–73. Nachdruck: New York 1948–50, Nr. 2373–2378.

Verzeichnis der Abbildungen

Zweiter Teil
Die Stunde Jesu vom Abendmahl bis zur Überwindung des Todes

I. Kapitel
Fußwaschung

1. Bild
Sebastian Kirchmaier (16. Jh.),
Fußwaschung Christi (1574). Germanisches Nationalmuseum, Nürnberg.

2. Bild
Julius Schnorr von Carolsfeld (1794–1872),
Die Fußwaschung.

II. Kapitel
Einsetzung des Sakramentes der Liebe

1. Bild
O. A., Jesus mit den Aposteln beim Abendmahl.
Quagga Illustrations, Berlin.

2. Bild
Rembrandt van Rijn (1606–1669),
Das Abendmahl (1633–1635). Metropolitan Museum of Art, Sammlung Lehman, New York.

III. Kapitel
Gebet Jesu im Garten Getsemani

1. Bild
Hans Brosamer (1495–1554),
Christus lehrt die Jünger das Vaterunser. Herzog Anton Ulrich-Museum, Kupferstichkabinett, Braunschweig.

2. Bild
Hans Leonhard Schäufelin (um 1480–1538 oder 1540),
Christus am Ölberg. Herzog Anton Ulrich-Museum, Kupferstichkabinett, Braunschweig.

3. Bild
Martin Schongauer (1448–1491),
Christus am Ölberg (um 1475). Kupferstichkabinett, Berlin.

IV. Kapitel
Gefangennahme Jesu

1. Bild
Philipp Otto Runge (1777–1810),
Kopf des Judas (1806). Hamburger Kunsthalle.

2. Bild
Matthäus Merian der Ältere (1593–1650),
Gefangennahme Jesu (1625). Kupferstich.

3. Bild
Albrecht Dürer (1471–1528),
Jesus vor Hannas (1508).
Hamburger Kunsthalle.

4. Bild
Rembrandt van Rijn (1606–1669),
Jesus wird zum Verhör geführt (1641–1642).
Sammlung Ruzicka, Kunsthaus Zürich.

V. Kapitel
Verhör vor dem Hohen Rat

1. Bild
Albrecht Dürer (1471–1528),
Christus vor Kaiphas (Ausschnitt). Museum Kurhaus Kleve.

2. Bild
Giovanni Francesco Barbieri, gen. Guercino (1591–1666), Geißelung Jesu (1698). Palazzo Rosso, Gabinetto Disegni e Stampe, Genua.

VI. Kapitel
Verleugnung durch Petrus

1. Bild
Michelangelo Buonarroti (1475–1564),
Verleugnung durch Petrus. Hamburger Kunsthalle.

2. Bild
Hans Baldung Grien (1484–1545),
Der heilige Petrus. Städtische Museen, Freiburg.

VII. Kapitel
Geißelung Jesu

1. Bild
Lucas Cranach der Ältere (1472–1553),
Geißelung Jesu (1509). Kupferstichkabinett, Dresden.

2. Bild
Albrecht Dürer (1471–1528),
Die Geißelung Christi (um 1509). Die Kleine Passion.
Britisches Museum, London.

VIII. Kapitel
Verspottung Jesu durch die Soldaten

1. Bild
Albrecht Dürer (1471–1528),
Dornenkrönung (um 1509). Die Kleine Passion.
Britisches Museum, London.

2. Bild
Lucas van Leyden (1494–1533),
Die Dornenkrönung Jesu (1512–1515).
Grafische Sammlung Albertina, Wien.

IX. Kapitel
Jesus trägt das schwere Kreuz

1. Bild
Raphael Sadeler (1570–1629),
Jesu Kreuzweg. Kupferstich.

2. Bild
Hans Sebald Beham (1500–1550),
Das dornengekrönte Haupt Christi. Nach Albrecht Dürers Kupferstich »Das Schweißtuch der Veronika von zwei Engeln gehalten«. Rijksmuseum, Rijksprentenkabinet, Amsterdam.

3. Bild
Marco Sadeler (aktiv um 1600–1650),
Engel mit Kreuz und Salbgefäß. Kupferstich, Antwerpen.

X. Kapitel
Kreuzigung

1. Bild
Albrecht Dürer (Schule 16. Jh.),
Christus am Kreuz mit Maria und Johannes (1521). New York.

2. Bild
Hieronymus Wierix (1553–1619),
Der Lanzenstich (Flandern 1593). Privatbesitz.

3. Bild
Albrecht Dürer (1471–1528),
Die Kreuzigung Christi (1511). Kupferstichpassion.
Metropolitan Museum of Art, New York.

XI. Kapitel
Die sieben Worte Jesu am Kreuz

1. Bild
Hans Memling (1430–1494),
Der gute Schächer am Kreuz (Ausschnitt). Kupferstichkabinett, Berlin.

2. Bild
Meister E. S. (1420–1467),
Christus am Kreuz mit Maria und Johannes.
Kupferstichkabinett, Dresden.

3. Bild
Matthias Grünewald (1470–1528),
Gottvater (1513). Hamburger Kunsthalle.

4. Bild
Meister E. S. (1420–1467),
Christus am Kreuz mit zwei Engeln.
Kupferstichkabinett, Berlin.

5. Bild
Meister E. S. (1420–1467),
Christus als Schmerzensmann mit vier Engeln.
Kupferstichkabinett, Dresden.

XII. Kapitel
Die Seitenwunde Jesu

1. Bild
Hieronymus Wierix (1553–1619),
Der Lanzenstich (Ausschnitt). (Flandern 1593). Privatbesitz.

XIII. Kapitel
Abnahme vom Kreuz und Begräbnis Jesu

1. Bild
Cornelis Cort (1533–1578),
Kreuzabnahme (1568).

2. Bild
Annibale Carracci (1560–1609),
Il Cristo di Caprarola (1597). Hamburger Kunsthalle.

XIV. Kapitel
Der Gang Jesu zu den Toten

1. Bild
Albrecht Dürer (1471–1528),
Höllenfahrt Christi und Befreiung der Gerechten (1510).
Die Große Passion. Grafische Sammlung Albertina, Wien.

2. Bild
Martin Schongauer (1448–1491),
Christus in der Vorhölle (1480–1483).

XV. Kapitel
Auferstehung Jesu Christi

1. Bild
Antonius Wierix II (1555–1604),
Frauen am Grab (1593).

2. Bild
Israhel van Meckenem (1440–1503),
Noli me tangere. Die Erscheinung Christi vor Maria Magdalena.
Britisches Museum, London.

3. Bild
Albrecht Dürer (1471–1528),
Der ungläubige Thomas (1509–1511). Die Kleine Passion.
Britisches Museum, London.

4. Bild
Pieter Bruegel der Ältere (1525–1569),
Jesus und seine Jünger auf dem Weg nach Emmaus.
Bibliothèque Royale, Cabinet Estampes, Brüssel.

5. Bild
Albrecht Dürer (1471–1528),
Auferstehung (1512). Kupferstichpassion.
Metropolitan Museum of Art, New York.

XVI. Kapitel
Himmelfahrt Jesu

1. Bild
Albrecht Dürer (1471–1528),
Christi Himmelfahrt (1510). Die Kleine Passion.
Britisches Museum, London.

2. Bild
Martin Schongauer (1448–1491),
Der Engel Gabriel (2. Hälfte 15. Jh.). Kupferstichkabinett, Berlin.

3. Bild
Martin Schongauer (1448–1491),
Der thronende Heiland (1470).

Titelbild und Rückseite des Buches

Die beiden Miniaturen zur »Stunde Jesu« stammen aus dem Evangeliar des Trierer Erzbischofs Egbert (977–993), dem Codex Egberti. Das Titelbild des Buches zeigt einen Ausschnitt von der Hochzeit zu Kana (Hs 24 folio 20v), und die Miniatur auf der Rückseite stellt die Kreuzigung Jesu dar (Hs 24 folio 83v). Der Codex enthält zwar nicht den vollen Text der Evangelien, dafür aber einen christologischen Zyklus aus 56 Miniaturen. Die Kleidung der Personen und die Architektur lassen deutliche Nachwirkungen der römischen Kunst erkennen. Leuchtende, sanfte und helle Töne vereinen sich im Hintergrund der Miniaturen. Auf schmückendes Beiwerk wird verzichtet. Das Skriptorium des Codex Egberti befand sich in Trier.

Auf dem Ausschnitt von der Hochzeit zu Kana steht Maria auf der linken Seite. Sie weist ihren Sohn auf die missliche Lage der Brautleute hin und muss das scheinbar abweisende Wort Jesu hören. Zwischen ihr und Jesus stehen drei Krüge. Jesus segnet das Wasser – obwohl im Evangelium keine Rede davon ist. Maria trägt ein olivgrünes Untergewand und ein mittelblaues Obergewand mit einem goldenen Saum. Der Maler des Codex Egberti hat ihr in ihrer bittenden Funktion eine herausragende Rolle zugeteilt. Jesus, mit bloßen Füßen, steht ihr segnend gegenüber (siehe den Segensgestus der rechten Hand). Er trägt ein dunkelrotes Obergewand und ein weißes Untergewand. Sein Haupt ist von einem Kreuzesnimbus umstrahlt; in seiner linken Hand hält er eine Schriftrolle – das Symbol göttlicher Weisheit.

Auf der Rückseite des Buches ist die Miniatur aus dem Codex Egberti abgebildet, die die Kreuzigung zeigt, den Augenblick, in dem die Stunde Jesu gekommen ist. Sein Kreuz steht neben den beiden Kreuzen der Schächer. Ein Mann namens Stephaton führt auf einer Stange den Schwamm mit Essig zum Mund Jesu. Christus, mit einem blauen Gewand mit Goldstreifen bekleidet, hängt wie schwebend und in innerer Ruhe am Kreuz. Der Blick seiner weit geöffneten Augen ist auf die Menschen zu seiner Rechten gerichtet, auf seine Mutter Maria, die als Erste sichtbar wird. Der Lieblingsjünger Johannes steht ebenfalls trauernd auf der anderen Seite. Zwei Soldaten unter dem Kreuz würfeln um den Leibrock Jesu. Sonne und Mond verhüllen trauernd ihr Antlitz – der gesamte Kosmos ist einbezogen in die Trauer um den Tod Jesu.

Zum Autor

Dr. Peter Dyckhoff, 1937 in Rheine geboren, studierte Psychologie und war viele Jahre als Geschäftsführer eines Industriebetriebes tätig. Mit vierzig Jahren wagte er den Neuanfang und studierte Theologie. 1981 zum Priester geweiht, war er als Gemeinde-, Wallfahrts- und Krankenhausseelsorger tätig.

Bischof Dr. Josef Homeyer ernannte ihn zum Spiritual und beauftragte ihn mit dem Aufbau und der Leitung der bischöflichen Bildungsstätte »Haus Cassian«. Seit 1999 lebt Peter Dyckhoff in der Nähe von Münster. Er ist anerkannter Experte für das christliche Ruhegebet und wurde 2006 über dieses Thema zum Doktor der Theologie promoviert. Seine reichen Erfahrungen gibt er durch Fernseh- und Radiosendungen, als Autor von zahlreichen Büchern zur christlichen Gebetslehre und -praxis sowie in der Ausbildung von Lehrenden des Ruhegebetes weiter.

www.PeterDyckhoff.de

Peter Dyckhoff

Die Stunde Jesu